Praxisreihe Situationsansatz

Wer ist denn hier der Bestimmer?

Praxisreihe Situationsansatz

Wer ist denn hier der Bestimmer?

Das Demokratiebuch für die Kita

Götz Doyé, Christine Lipp-Peetz

Illustrationen von Birgit Rieger

Ravensburger Buchverlag

Vorwort

Die Deutsche Bibliothek –
CIP-Einheitsaufnahme

Wer ist denn hier der Bestimmer?: das Demokratiebuch für die Kita / Götz Doyé; Christine Lipp-Peetz. Ill. von Birgit Rieger. [Hrsg. Jürgen Zimmer]. –
Ravensburg: Ravensburger Buchverl., 1998
(Praxisreihe Situationsansatz)
ISBN 3-473-98907-X

Götz Doyé
Pfarrer, Dr. Theol., Referent im Bund der evangelischen Kirchen in der DDR, wissenschaftlicher Mitarbeiter im Comenius-Institut (Evangelische Arbeitsstätte für Erziehungswissenschaft), seit 1998 Professor an der Ev. Fachhochschule Berlin.

Christine Lipp-Peetz
Diplom-Pädagogin, Kindergärtnerin und Hortnerin, langjährige Tätigkeit in der Fortbildung von Erzieherinnen und als Redakteurin der Zeitschrift Theorie und Praxis der Sozialpädagogik, Darmstadt; wissenschaftliche Mitarbeiterin an der Freien Universität Berlin, Geschäftsführerin des Instituts für den Situationsansatz der Internationalen Akademie.

© 1998 Ravensburger Buchverlag
   Otto Maier GmbH
   Pädagogische Arbeitsstelle
– Dieser Band erscheint innerhalb der 12-bändigen Praxisreihe Situationsansatz –
Alle Rechte vorbehalten.
Buchkonzeption: Gisela Walter
Redaktion: Cornelia Stauß, Berlin
Printed in Germany

ISBN 3-473-98907-X

Diese Praxisreihe mit ihren 12 Bänden ist zugleich der Ergebnisbericht des Projektes „Kindersituationen". In allen neuen Bundesländern und im Ostteil Berlins beteiligten sich zwölf Kindertagesstätten, um nach dem Konzept des Situationsansatzes die pädagogische Arbeit weiterzuentwickeln. Die Leitung des Projektes lag bei Prof. Dr. Jürgen Zimmer, Freie Universität Berlin. Gefördert wurde es vom Bundesministerium für Familie, Senioren, Frauen und Jugend und unterstützt von den zuständigen Länderministerien.
Die Erzieherinnen der Modelleinrichtungen suchten in Zusammenarbeit mit Eltern, anderen pädagogischen Fachkräften und durch eigene Beobachtungen nach sogenannten Schlüsselthemen, bearbeiteten diese auf vielfältige Art und dokumentierten ihre Erfahrungen und Erlebnisse. Eine wichtige Grundlage hierfür war die vorausgehende Analyse der Lebenswirklichkeit der Kinder und ihrer Familien.
Auf der Basis der pädagogischen Dokumentationen entstanden die Praxisbücher. Sie wurden mit theoretischen Informationen und methodischen Anregungen ergänzt, sodass jede Erzieherin damit arbeiten kann, mit ihrer Kindergruppe vom Säuglingsalter bis Hortalter, mit ihrem Kolleginnen-Team, mit Eltern oder im Rahmen einer Fortbildung.
Die Konzeption der Praxisbände wurde in Zusammenarbeit mit dem Ravensburger Verlag entwickelt. Die Kapitel der Bücher entsprechen den vier Planungsschritten des Situationsansatzes: Situationen analysieren, Ziele festlegen, Situationen gestalten, Erfahrungen auswerten. Weil die Praxisberichte von Erzieherinnen geschrieben wurden, wendet sich das Buch mit direkter Anrede an die Erzieherinnen, selbstverständlich sind auch alle Erzieher angesprochen. Die Stifte in den Texten markieren Originalbeiträge aus den Praxisdokumentationen. Alle Namen der Kinder und Eltern wurden geändert.
Ergänzend zu den Büchern gibt es eine Materialbox mit praktischen Arbeitshilfen, ein Handbuch mit Grundinformationen des Situationsansatzes und ein Diskussionsspiel für die Teamarbeit nach dem Konzept des Situationsansatzes.
Um die Reformbewegung des Projektes „Kindersituationen" fortzusetzen und andere Reform-Bemühungen zu unterstützen, wurde das Institut für den Situationsansatz gegründet. Weil in der Praxis sicherlich neue Fragen, andere Meinungen und Kritik entstehen werden, bietet sich das Institut für einen Erfahrungsaustausch an. Hier die Adresse:
INA gGmbH c/o Freie Universität Berlin, Fachbereich Erziehungswissenschaften, Prof. Dr. Jürgen Zimmer, Habelschwerdter Allee 45, 14195 Berlin.

Inhaltsverzeichnis

Moment mal! 9

**1. Erkunden –
Situationen analysieren** 13

Schonraum Kita? 14

Demokratisierung der Demokratie 16

Wie demokratisch
geht's in der Kita zu? 17

Fünf Einsichten zur Demokratie 18

Sechs Grundannahmen für
demokratische Lebensformen
in der Kita 19

Kinder haben Rechte 20

Welche Rechte von Kindern
sichert das KJHG zu? 22

Haben Mehrheiten immer Recht? 23

Wem sind Erzieherinnen
verantwortlich? 25

Wie gelingt die Abstimmung
mit den Eltern? 26

Der Situationsansatz fördert
demokratische Lebensformen 28

Durchschaubare Entscheidungen
und Beziehungen 29

Inhaltsverzeichnis

3. Handeln – Situationen gestalten 51

„Schön, dass es dich gibt!" 52

„Bist du meine Freundin?" 54

„Mir gefällt an mir/dir …
Mir gefällt nicht so sehr …" 55

„Ich hab so 'ne Wut im Bauch" 56

Demokratie mit Krippenkindern? 57

„Verabredet ist verabredet!" 58

„Unsere Regeln" 60

Kindervollversammlung 62

Tipps zur Beteiligung von Kindern 64

„Das ist ihr gutes Recht!" 65

Sternsinger und andere Hilfsaktionen 66

2. Entscheiden – Ziele festlegen 31

„Auf mich kommt es an" 32

Die Fragen der Kinder 34

„Du bist hier nicht allein" 36

Wer mitreden will, muss wissen, worum es geht 38

Handlungsfähig werden 39

Beteiligung der Eltern 41

Was Kinder brauchen, um ihre Rechte wahrzunehmen 42

Wieso das alles auch den Träger angeht 44

Einmischen auch außerhalb der Kita 45

Das Erzieherteam als „Gerechte Gemeinschaft" 46

Mit Widersprüchen leben lernen 48

Inhaltsverzeichnis

Erzieherin: „Das bin ich, auch wenn's euch nicht passt"	67
Leiterin: Den angemessenen Führungsstil finden	70
(Unerwartete) Lobby für Kinder nutzen	72
Kinder interessieren sich für ihre Stadt	74
„Eltern locken uns nach draußen"	76

4. Nachdenken – Erfahrungen auswerten — 79

Die führende Rolle der Erzieherin gerät ins Wanken	80
Was Erzieherinnen brauchen, um einen demokratischen Stil zu pflegen	84
Was Eltern brauchen, um mitmischen zu können	85
Wie Kinder reagieren, wenn sie gefragt sind	86
Demokratie von unten und nicht hinter verschlossenen Türen	88
Was Eigen- und GemeinSinn verbindet	89
Zum Schluss: „Käse probieren"	91
Verwendete Literatur	92
Literatur zum Weiterlesen	94
Wer an dem Buch beteiligt war	95

Moment mal!

Wer kennt ihn nicht, den Spruch in vielen Tonlagen. Mal eher beleidigt oder resigniert, mal forsch fordernd oder zufrieden: „Ich will auch (mal) Bestimmerin sein", „Hier hat man ja nichts zu melden", „Mein Wort gilt!" Ursprünglich sollte dieses Buch den Titel bekommen „Hier sind wir die Bestimmer!" – Selbstbewusste Kinder und gemeinschaftsfähige Erwachsene im Blick. Das Ministerium legte sein Veto ein. Zensur oder mitgedacht? Wir entschieden: Recht haben sie! Die Aufmerksamkeit ausschließlich auf die Kindergruppe gelenkt, vernachlässigt das Rundherum, das auf Kinder in der Kita wirkt. Es könnte der Eindruck entstehen, als würden reale Abhängigkeits- und Machtverhältnisse nicht gesehen, die sowohl zwischen Kindern und Erwachsenen als auch zwischen der Institution und politischen Entscheidungsträgern bestehen.

Wir wollen in diesem Buch herausfinden, wer was zu einem demokratischen Stil in einem Haus für Kinder beitragen kann. Wir fragen nach den unterschiedlich Verantwortlichen, die Einfluss nehmen auf das Leben der Kinder in der Kita: die Erzieherinnen, die Kinder und Eltern. Dabei bürden wir ihnen nicht die Alleinverantwortung auf. Es geht uns vielmehr darum, die Chancen aufzuzeigen, die im Kleinen liegen, mit denen man sich gleichzeitig am Großen und Ganzen beteiligt.

Und dieses Große ist nichts Geringeres als Demokratie als Staats- und vor allem als Lebensform.
Da haben wir's, werden die Kritiker des Situationsansatzes ihre Stimme erheben: Kindern soll Gesellschaftspolitik übergestülpt werden. Soll schon wieder Politik und Pädagogik vermengt werden? Wir empfehlen: Erst mal abwarten, in Ruhe in dem Buch schmökern und überprüfen, ob es gelungen ist, pädagogische Fragen in (politische) Realitäten einzubetten.

Warum überhaupt der gewichtige Anspruch „Demokratiebuch"?

Das hat etwas mit dem Situationsansatz zu tun. Dieser hat nämlich Wurzeln und eine davon führt zurück auf den brasilianischen Volkspädagogen Paulo Freire. Wenn sich Pädagogik am Leben von Menschen orientieren will, muss sie deren Schlüsselprobleme finden. Denn wer „nach dem generativen Thema sucht, fragt nach dem Denken des Menschen über die Wirklichkeit und nach seinem Handeln an der Wirklichkeit" (Freire 1973, S. 88).

Im Projekt Kindersituationen wollten wir etwas über die Wirklichkeit der Menschen erfahren, in deren Region wir uns mit Pädagogik für Kinder beschäftigten (vgl. Doyé 1995). Dabei wurde die Enttäuschung über die

Wer trägt was zu einem demokratischen Lebensstil in der Kita bei?

Moment mal!

Beim Schlichten eines Streites, bei der Verständigung im Elternrat oder Kollegenkreis wird mehr über Demokratie entschieden als auf mancher Parteiversammlung

„real existierende Demokratie" immer wieder als ein dominantes Lebensgefühl beschrieben. Wenn etwas Erwachsene so bewegt, dann hat es Auswirkungen auf Kinder. Wir wollten wissen, wie Kinder betroffen sind, welche Möglichkeiten Erzieherinnen sehen, sich selbst an der gesellschaftlichen Entwicklung zu beteiligen und Kindern ein „aktives Gefühl des In-der-Welt-Seins" zu vermitteln.

Dies ist ein Lernprozess für Ost und West und im günstigsten Falle kommt die „Demokratisierung der Demokratie" (von Hentig) in den Blick. Wir wissen dabei nicht alles besser und wollen schon gar nicht die ultimativen Demokratinnen und Demokraten erziehen. Wir untersuchen und interpretieren lediglich den Alltag in der Kita unter der Frage, was er zu einem demokratischen Lebensstil beiträgt. Vieles, was Sie sowieso tun, hat auch hierfür seine Bedeutung. Denn bei der Einrichtung des Kinderzimmers, beim Schlichten eines Streites in der Kindergruppe, bei Verständigungen im Elternrat oder Kollegenkreis wird mehr über Demokratie, über Gerechtigkeit oder persönliche Freiheit entschieden, als auf mancher Parteiversammlung. Eine Menge weiterer praktischer Beispiele finden Sie im dritten Kapitel „Handeln".

Weil zu einer Analyse im Situationsansatz immer auch gehört, sich nicht nur von subjektiven Befindlichkeiten leiten zu lassen, muten wir Ihnen knappe Hintergrundinformationen im Kapitel eins „Erkunden" zu.

Moment mal!

Schön, wenn Sie es nicht als Theorieballast empfinden, sondern als Serviceleistung, um qualifiziert arbeiten zu können. Die Definition von Demokratie kann Ihnen zum Beispiel helfen, Schwerpunkte zu setzen und im vielfältigen pädagogischen Geschäft den roten Faden wieder zu finden: „Ach ja, um Gerechtigkeit geht es dabei auch. Nicht nur darum, dass ich zu meinem Recht komme!" Denn manchmal wird demokratischer Stil verwechselt mit Wunscherfüllungspädagogik. Das kann nur schief gehen. Am Ende hüpfen lauter kleine Egoisten herum, die zwar gut gelernt haben, ihre Bedürfnisse durchzusetzen, aber leider vergessen, dass andere ebenfalls welche haben. Oder es sitzen frustrierte Erzieherinnen in der Runde, weil andere auch etwas sagen wollen. Andererseits ist es schon passiert, dass viele kleine Polizisten die Kita durchstreifen, um Regelverletzern auf die Spur zu kommen und um sie ihrer gerechten Strafe zuzuführen.

Denkbare Überspitzungen, wenn man nur eine Seite der Medaille betont.

Das Kapitel zwei „Entscheiden" mit seiner Erinnerung an die Grundqualifikationen im Situationsansatz soll helfen, vertraute Praxis neu zu schätzen oder sich auf Neues einzulassen. Manche Nuance wird dabei neu ausgeleuchtet, wie zum Beispiel die Bedeutung der Kinderfragen oder die Kita als „Gerechte Gemeinschaft". Warum demokratischer Lebensstil und pädagogische Arbeit nach dem Situationsansatz mehr sind als die Bearbeitung einer Schlüsselsituation, nämlich Grundbestandteil einer Pädagogik nach diesem Konzept, wird in diesem Kapitel begründet.

In Kapitel vier „Nachdenken" wird die Erzieherin unter anderem ermutigt, ihre eigene Meinung mit ins Spiel zu bringen. Eine Selbstverständlichkeit? Offensichtlich kann es passieren, dass sie vor lauter Berücksichtigung der Interessen aller Beteiligten vergisst, welche wichtige Rolle sie selbst spielt. Es ist eben nicht so einfach mit der Balance zwischen Individuum und Gemeinschaft!

Ein bisschen Theorie muss sein

Es geht um die Balance zwischen Individuum und Gemeinschaft

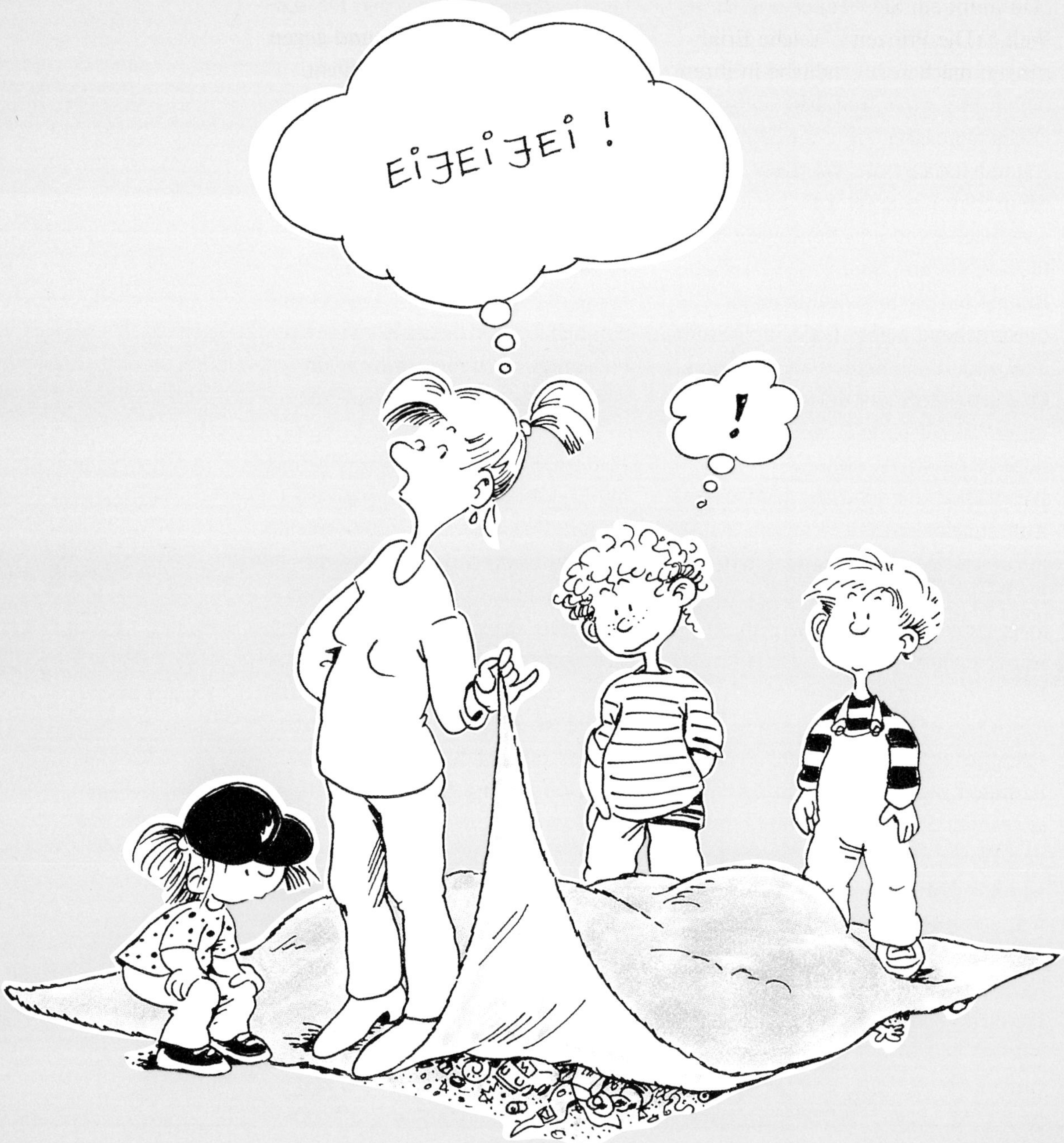
EiJEiJEi !
!

1. Erkunden – Situationen analysieren

Unter jungen Leuten gibt es einen Song mit der einprägsamen Zeile: „Du mußt ein Schwein sein in dieser Welt." (Die Prinzen). Welche Erfahrungen machen Jugendliche in ihrem Alltag, wenn sie über die politische „Kultur" so urteilen?
Jugendstudien belegen, dass junge Menschen wenig über Demokratie wissen und von der durch Parteien repräsentierten nicht viel halten. Ihre Bereitschaft, sich zu engagieren, ist entsprechend gering (vgl. Shell Studie 1997).
Wie geht es Ihnen als Erzieherinnen, wenn Sie solche Einschätzungen hören?
Beunruhigt Sie das, wenn Sie an die Zukunft denken?

Im Projekt Kindersituationen war auch zu hören: „Das soll Demokratie sein?" Dahinter standen handfeste Erfahrungen mit sozialen Spannungen im eigenen Umfeld, mit wirtschaftlichen Schwierigkeiten von Familien, Arbeitslosigkeit und schwindender Solidarität untereinander. Wenn Erzieherinnen entlassen werden, Umsetzungen von Kolleginnen erfolgen, ohne auch nur einen Ton mit den Betroffenen zu reden, kann einem schon der Glauben an Gerechtigkeit verloren gehen. Andere wiederum machten Erfahrungen, die sie die Veränderungen nach 1989 als persönliche Befreiung erleben ließen – was jetzt alles möglich ist!
Darin waren sich alle einig: Das Leben ist spannungsreicher und gegensätzlicher geworden. Es ist nicht mehr alles eindeutig geregelt, immer gibt es ein Entweder-oder. Wie Kinder von diesen Erfahrungen der Erwachsenen betroffen sind, war eindrücklich geschildert. Zum Beispiel verstehen Kinder nicht, dass niemand etwas dagegen unternehmen kann, wenn ihre geliebte Erzieherin sich mit Tränen in den Augen verabschiedet, weil ihr gekündigt wurde. Sie durchstreifen staunend den ehemaligen Grenzstreifen zwischen den beiden Teilen Deutschlands mit seiner üppigen Pflanzen- und Tierwelt und spüren gleichzeitig das beklemmende Gefühl der Erwachsenen, die dies nicht als ein idyllisches Fleckchen Erde betrachten können. Sie empören sich über die Ungerechtigkeit, dass Ben nicht mit ins Kino gehen darf, weil seine Mutter die Karte nicht bezahlen kann. Kinder lernen hierbei mehr über demokratische Lebenskultur, über Gerechtigkeit und Ungerechtigkeit, mehr an sozialer Sensibilität und über solidarisches Verhalten als durch wohlfeile Worte. Dieses Analysekapitel beschreibt, was es zu bedenken gibt, wenn die Demokratieerfahrungen von Erwachsenen und Kindern Ausgangspunkt und Ziel pädagogischer Praxis sind.

Erkunden

Schonraum Kita?

Schonraum Kita ist eine Illusion

In Fortbildungen zur Schlüsselsituation „Demokratie – demokratische Lebensformen gestalten" tauchte immer wieder die Frage auf: Hat Pädagogik etwas mit Politik zu tun? Sollten die Kinder nicht lieber im Schonraum Kita fürsorglich betreut werden? Als die Erzieherinnen mit der Analyse der Lebenssituation der Kinder und ihrer Familien begannen, blieb von der Vorstellung einer heilen Welt allerdings nicht viel übrig. Da ging es schon eher zu wie im „echten" Leben: Ärger kam hoch über den zunehmenden Verkehr vor der Haustür, über die Mittelkürzungen der Träger, die überflüssigen Konsumartikel, die Kinder täglich mitbringen, oder die Ohnmacht über steigende Arbeitslosigkeit vieler Eltern.

Ist da nichts zu tun? „Was ist meine Rolle als Erzieherin?", so fragten Teilnehmerinnen. „Welchen Einfluss habe ich? Sind wir uns im Team überhaupt einig in der Analyse und Bewertung dieser Lebensrealitäten der Kinder und ihrer Eltern? Wie könnten wir für unsere Interessen und für die von Familien eintreten?" Viele Fragen bei der Suche nach Möglichkeiten realer Veränderung.

Und was erwarten die Eltern von der Kita? Wollen sie in Ruhe gelassen werden, wenigstens einen Ort haben, an dem man den Alltag etwas außen vor lassen kann? Oder suchen sie Verbündete für ihre Anliegen, Mitfühlende für ihre Sorgen? Wollen sie bei Angelegenheiten der Kita und pädagogischen Entscheidungen gefragt werden? Was dürfen Eltern in der Kita mitentscheiden, was nicht? Fragen, die keine einfachen Ja-Nein-Antworten zulassen und sicher unterschiedlichste Situationen ins Gedächtnis rufen.

Wenn es auch kein einheitliches Bild gibt, eins ist klar: Eine Idylle, fernab von den Höhen und Tiefen des Lebens, ist eine Kita nicht.

Schonraum Kita?

Manchmal reicht schon die Spannung zwischen unterschiedlichen Anforderungen von Eltern, die sich aus gegensätzlichen sozialen Lagen ergeben, dass man als Erzieherin nicht weiß, ob man sich zuerst über die neue Arbeitsstelle der Mutter von Paul freuen oder über den Gerichtsvollzieher bei Familie Tanner sorgen soll. Die gesellschaftlichen Verhältnisse lassen es einfach nicht zu, die Kita als heile Welt anzusehen.

Und wenn man Kinder ernst nimmt und ernsthaft beteiligen will, dann sprengen auch sie die Vorstellung eines Schonraumes. Sie erzählen, was sie bewegt, und das ist nicht immer nur Erfreuliches. Sie wollen mitreden und mitentscheiden und manchmal anders als es der Erzieherin lieb ist. Dies war eine Erkenntnis der Situationsanalyse.

Das Bild vom Kind veränderte sich für viele Erzieherinnen und ließ plötzlich Dinge entdecken, die zwar vorher Kinderleben auch schon bewegt haben, aber von ihnen nicht wahrgenommen worden sind.

Man kann sich nicht alles gefallen lassen

Eine Erzieherin erzählte folgendes Beispiel:
Die Eltern von Hans haben sich entschlossen, in der Wohnung zu bleiben, auch wenn sie dann im Haus die einzige Familie sind. Wochenlang gibt es in der Familie kaum noch ein anderes Thema. Die neue Besitzerin des Hauses will alles rekonstruieren. Sie hat eine Ausweichwohnung im Keller angeboten, aber gleich dazu gesagt: „Am besten, Sie ziehen ganz aus, denn die neue Miete können Sie sowieso nicht bezahlen." Das hatte den Vater von Hans so aufgebracht, dass er sagte: „Nun erst recht! Sie können uns nicht zwingen auszuziehen." Hans kommt im nächsten Sommer in die Schule. „Jetzt wird es laut werden", haben die Eltern ihm erklärt, „und es wird viel Schmutz geben. Aber man muss manchmal für seine Rechte kämpfen. Die können doch nicht einfach machen, was sie wollen." Die Erzieherinnen haben angeboten, Hans bei Bedarf auch mal länger im Kindergarten zu betreuen. Wie würden Sie im Team reagieren?

Glücklicherweise sind die Erfahrungen der Kinder nicht immer so drastisch. Aber sie sind in vielen Fällen betroffen von Veränderungen in ihrem sozialen Umfeld, sei es in der Familie oder in der nahen Umgebung. Häufig wurden von den Erzieherinnen Probleme mit dem Straßenverkehr, mit der baulichen Entwicklung ihres Ortes und einer krank machenden Umgebung genannt. Erzieherinnen können sich gegenseitig stützen im Gefühl der Ungerechtigkeit, sie können nach einer Milderung der Folgen suchen und auch versuchen, sich zu wehren. Dazu ist es nötig, die Gesetze zu kennen und Kontakte zu politischen Entscheidungsträgern zu suchen.

Welche Begebenheit, welche Zeitungsnotiz oder Nachrichtenmeldung der letzten Tage hat Auswirkungen auf Kinder?

Erkunden

Demokratisierung der Demokratie

Die 6-Uhr-13-Bahn

Und der Himmel ist blau,
und der Tag fängt erst an,
unterm Fenster vorbei
fährt die Dreizehner Bahn,
6 Uhr 13 genau,
und der Himmel ist blau.

Und die Bahn fährt vorbei,
und am Fenster ein Mann,
der fuhr sonst jeden Früh
mit genau dieser Bahn,
aber nun ist er frei,
und die Bahn fährt vorbei.

So war das nicht gedacht
mit der Freiheit und so,
so war das nicht gesagt,
so mit aus und k.o.,
so mit Brüderlichkeit
wie bei Abel und Kain,
und die Frau muß gebärn
unterm Heiligenschein.
...
Und die Bahn fährt davon,
und der Mann sieht ihr nach,
seine Seele fährt mit
mit der Bahn jeden Tag,
6 Uhr 13 genau,
und der Himmel ist blau.

Reinhard Lakomy

Für eine Demokratie ist es wichtig, Menschen immer neu zur Beteiligung und Verantwortung ihrer eigenen Angelegenheiten zu ermutigen. Im Umgang mit Kindern bedeutet das zum Beispiel, über die Verteilung von Verantwortung in der Kita nachzudenken und Möglichkeiten zu schaffen, damit Kinder und Erwachsene ihre Kompetenzen angemessen einbringen können.

Erzieherinnen im Osten machen immer noch andere Erfahrungen. Sie werden mit der Macht von Ämtern und Trägern konfrontiert ohne die Möglichkeit, eigene Erfahrungen und Einsichten in die Entscheidungen einbringen zu können. Das Jugendamt ordnet Umsetzungen von Personal an, ohne die Leiterin zu befragen. Es wird über ihren Kopf hinweg entschieden. Entlassungen werden verfügt nach „sozialen Punkten", oft trifft es deswegen jüngere Kolleginnen.

Eltern schreiben Briefe, verfassen Einsprüche, um die Erzieherin in der Kita zu halten – ohne jeden Erfolg. Bei Personalfragen werden sie nicht gehört. Einrichtungen werden geschlossen, Kinder „umverteilt". Dass nach jahrelangen Bemühungen 1997 endlich das Kündigungsschutzgesetz ergänzt wurde und nun auch Leistungskriterien und Zusammensetzung des Kollegiums eine Rolle spielen, ist ein Beispiel, dass Veränderungen möglich sind.

In den Weiterbildungen entstand die Frage: Woher soll die Kraft, die Motivation und die Ausdauer kommen, sich der Spannung zwischen eigenem Erleben und dem Ziel demokratischer Lebensverhältnisse auszusetzen? Manche reagieren mit Zynismus auf die Situation und verziehen das Gesicht, wenn die Rede auf Demokratie kommt. Andere stellen sich den Herausforderungen mit Mut und Lust, etwas zu verändern. Die negativen Erfahrungen mit den neuen Freiheiten, die Zweifel und Kritiken dürfen dabei nicht überspielt werden. Auch ein demokratischer Staat und seine Institutionen, also auch eine Kita, bleiben nicht verschont von der Spannung zwischen Anspruch und Wirklichkeit. Aber solange die Wirklichkeit als veränderungsfähig angesehen wird, lohnt es sich, pädagogisch tätig zu sein. Denn eines der Kennzeichen des Situationsansatzes ist ja: Situationen lassen sich verändern.

Wie demokratisch geht's in der Kita zu?

Wer eine „Demokratisierung der Demokratie" für möglich hält, bemüht sich darum, den „schönen Schein ... real durch das (zu) ersetzen, was die jeweilige demokratische Einrichtung ... zu sein behauptet." (Von Hentig 1993, S. 121). Auf die Kita angewandt, bedeutet dies: Auch in dieser Institution geht es um Macht. Das spricht nicht gegen Demokratie, aber es ist zu prüfen, wie sie ausgeübt, verteilt und kontrolliert wird.

Folgende Fragen können helfen, die Situation in der eigenen Einrichtung zu analysieren:
- Wer entscheidet was? Gibt es zum Beispiel auch in Personalfragen geregelte Mitsprache?
- Wie ist die Mitwirkung der Eltern geregelt? Worauf können sie Einfluss nehmen?
- Wie (un-)veränderlich sind Verordnungen und Vorschriften?
- Wie ist das Zusammenleben im Team organisiert?
- Inwieweit können Kinder etwas mitentscheiden?

Pädagogische Arbeit im Situationsansatz will Bedingungen schaffen, damit sich gemeinsames Leben demokratisch gestalten kann. Das meint auch, dass der Einzelne in der Lage sein soll, für sein Leben verantwortlich zu sein. Die Freiheit des Einzelnen und die Interessen der Gemeinschaft wollen dabei in eine Balance gebracht werden. Die Spannung zwischen Anspruch und Wirklichkeit, die eine Demokratie kennzeichnet – und auch in der Kita existiert –, ist nicht aufzuheben, aber sie kann bearbeitet werden und stellt eine Motivation für pädagogische Arbeit dar.

Fragen für die Analyse der Ausgangssituation

Erkunden

Fünf Einsichten zur Demokratie

Freiheit, Gerechtigkeit, Solidarität: die drei Grundwerte in einer Demokratie

Demokratie hat nur eine Chance, Prinzip des Zusammenlebens zu sein, wenn sich Erfahrungen damit verbinden, die den Vorteil dieser Lebens- und Staatsform bestätigen. Bereits Kinder brauchen von früh an solche Erfahrungen, in gleicher Weise aber auch die Erzieherinnen in ihrem Umgang miteinander, in der Zusammenarbeit mit Eltern und dem Träger.

Um eigene Erfahrungen zu prüfen, ist es hilfreich, sich über das Verständnis von Demokratie klar zu werden. Dazu können die folgenden „fünf Einsichten" dienen:

1. Demokratie ist in einem historischen Prozess erstritten worden und unterliegt Veränderungen. Unser Verständnis von einer rechtsstaatlichen Demokratie ist erst in der Neuzeit entstanden. Demokratie als Staatsform braucht einen demokratischen Lebensstil, das eine lebt erst durch das andere.

2. Demokratie als Staatsform ist drei Grundwerten verpflichtet: Freiheit, Gerechtigkeit, Solidarität. Diese Grundrechte binden staatliche Gewalt und die Rechtsprechung. Der demokratisch organisierte Staat erwartet von seinen Bürgerinnen und Bürgern eine Zustimmung zu den Grundwerten als gemeinsame Basis des Zusammenlebens. Zugleich ist die Politik immer wieder daran zu prüfen, ob sie der Verwirklichung von (mehr) Freiheit, (mehr) Gerechtigkeit, (mehr) Solidarität dient.

3. Es gibt immer wieder, besonders in geschichtlichen Umbruchsituationen, Diskussionen um die Bestimmung und um die Geltung dieser Grundwerte. Manche ordnen den genannten drei Werten heute den des Lebens zu. Sie sehen ihn bedroht zum Beispiel durch die ökologische Krise.

4. Die Alltagserfahrungen zeigen, dass auch in einer Demokratie die Spannung von Anspruch und Wirklichkeit besteht. Wer Widersprüche weder leugnet noch sie zum Anlass von Resignation nimmt, wird sich nicht entmutigen lassen, Demokratie mitzugestalten.

5. Demokratie als Lebensform ist eine bleibende Herausforderung auch für alle, die pädagogisch tätig sind. Kenntnisse allein nützen nichts, wenn Menschen der Mut und die Fähigkeit fehlen, Probleme anzusprechen und sich einzumischen.

Sechs Grundannahmen für demokratische Lebensformen in der Kita

Da Sie als Leserin kein Buch über Staatskunde gekauft haben, erwarten Sie zu Recht einen Bezug zur Arbeit mit Kindern. Die Folgerungen und Konkretisierungen, die sich aus den Einsichten zur Demokratie ergeben, sind in diesen Grundannahmen für Pädagogik zusammengefasst. Sie sind gedacht als Diskussionsstoff für Teamgespräche, Fortbildungen und auch für Elternrunden.

1. Demokratische Haltung entwickelt sich vor allem durch Erleben, Erfahrung und eigenes Tätigsein. Je jünger die Kinder sind, umso mehr gilt dies.
2. Voraussetzung dafür, anderen Menschen gegenüber Achtung, Respekt und Wertschätzung zu zeigen, ist, dieses selbst erfahren zu haben. Eine wichtige Aufgabe im Umgang mit Kindern liegt darin, ihnen diese Erfahrung zu ermöglichen.
3. Deswegen geht es in der Kindertagesstätte nicht vorrangig darum, Demokratie zu erklären und Inhalte zu vermitteln, sondern sie als Lebensform zu erfahren.
4. Zum demokratischen Lebensstil einer Kindertagesstätte gehören äußere Formen, die Beteiligung der Kinder ermöglichen, die ihre Einflussnahme auf das Geschehen in der Kita sichern.
5. Diese äußeren Formen können jedoch nur dann mit Leben gefüllt werden, wenn die „innere Form" entsprechend ist. Damit ist gemeint, dass jeder Einzelne zählt. Jedes Kind muss die Erfahrung machen können, dass es wichtig ist, dass seine Meinung, seine Gefühle zählen, dass es mit seinen Stärken und Schwächen angenommen ist und einen wichtigen Beitrag für die Gemeinschaft leisten kann.
6. Situationsorientierte Pädagogik hat in ihren Grundsätzen wesentliche Prinzipien, die für Demokratie als Lebensform grundlegend sind. In diesem Konzept wird großer Wert auf den Zusammenhang zwischen Eigen- und Gemeinsinn, zwischen Selbstbestimmung und Solidarität gelegt. Damit haben die Kinder auch die Chance, von klein auf konstruktive Erfahrungen im Umgang mit den Spannungen und Widersprüchen zu machen, die konstitutiv für einen demokratischen Lebensstil sind.

Im Zusammenleben mit Kindern geht es nicht um Demokratie als Staatsform, sondern als Lebensweise

Erkunden

Kinder haben Rechte

Kinder brauchen Schutz und Fürsorge, aber auch eigene Rechte?

Sind die Kinder in unseren Einrichtungen nicht zu jung für demokratische Lebensformen? Die Kindheitsforschung hat herausgefunden, dass Kinder bereits von Geburt an aktiv handelnde Subjekte sind. Diese wissenschaftliche Einsicht wurde auf politischer Ebene gestärkt durch die UN-Kinderrechtskonvention über die Rechte von Kindern.

Dass Kinder besonderen Schutz und besondere Fürsorge brauchen, ist verständlich. Aber dass sie eigene Rechte haben? Das ist eine Frage der Perspektive: Schutz, Fürsorge und gute Lebensbedingungen werden in dem Übereinkommen vom November 1989 als ein Recht der Kinder beschrieben. Inzwischen hat auch Deutschland die Kinderrechtskonvention unterschrieben. Damit ist die Pflicht verbunden zu prüfen, ob die Gesetze und Lebensverhältnisse von Kindern mit ihren Rechten übereinstimmen. Wie steht es zum Beispiel mit dem Verbot der Diskriminierung aufgrund von Geschlecht, Sprache, Religion, ethnischer und sozialer Herkunft (Artikel 2)? Die Meldungen in den Medien lassen daran zweifeln, ob dies Recht in Deutschland bereits allgemeine Anerkennung findet.

Die UN-Konvention regelt in ihrem Artikel 12: „Die Vertragsstaaten sichern dem Kind, das fähig ist, sich eine eigene Meinung zu bilden, das Recht zu, diese Meinung in allen das Kind berührenden Angelegenheiten frei zu äußern, und berücksichtigen die Meinung des Kindes angemessen und entsprechend seinem Alter und seiner Reife."

Als Erzieherin werden Sie dabei an die Kinder Ihrer Gruppe denken. Dieser Artikel zeigt gut, dass die Existenz von Rechten der Kinder etwas mit Ihrer pädagogischen Arbeit zu tun hat, bzw. mit Ihrer Grundeinstellung als Erzieherin zum Kind. Ab wann ist ein Kind fähig, sich eine eigene Meinung zu bilden? Wie entwickelt sich diese Fähigkeit? Wo und wie wird es ermutigt, frei seine eigene Meinung zu sagen? Das sind auch Themen für Elterngespräche.

Artikel 1 der UN-Kinderkonvention:
„Die Vertragsstaaten achten die in diesem Übereinkommen festgelegten Rechte und gewährleisten sie jedem ihrer Hoheitsgewalt unterstehenden Kind ohne jede Diskriminierung unabhängig von der Rasse, der Hautfarbe, dem Geschlecht, der Sprache, der Religion, der politischen oder sonstigen Anschauung, der nationalen, ethnischen oder sozialen Herkunft, des Vermögens, einer Behinderung, der Geburt oder des sonstigen Status des Kindes, seiner Eltern oder seines Vormunds."

Kinder haben Rechte

Recht auf Information für Kinder?

„Will man sich eine eigene Meinung bilden, muss man sich auch informieren. Man muss Bescheid wissen, was in der Welt geschieht, was andere Menschen sagen und meinen. Kinder dürfen sich über alles informieren, was für sie wichtig ist."
Dies ist eine Umschreibung des Artikel 13 der UN-Konvention, der in Ergänzung zum Recht auf freie Meinungsäußerung das Recht auf Information regelt (vgl. Die Rechte des Kindes 1993, S. 29).
Wenn Sie die Möglichkeiten Revue passieren lassen, die Kinder in Ihrer Kita haben, sich zu informieren, sich ein Bild von dieser Welt zu machen, was fällt Ihnen ein? Zufrieden? Oder sind da noch ungenutzte Reserven?

Erzieherinnen, die nach dem Situationsansatz arbeiten, würden die Nachforschung ergänzen mit Fragen wie: Haben die Kinder das Recht, in realen Lebenssituationen zu lernen, haben sie kompetente und neugierige Erzieherinnen und eine Umgebung, die es ihnen ermöglicht, ihrem „Forscherdrang" nachzugehen und sich aktiv einzubringen? Denn in diesem pädagogischen Konzept verbindet sich Lernen mit entdeckendem, selbsttätigem Enträtseln der Welt.

Wenn man die Vorstellung ernst nimmt, dass Kinder eigenständige Akteure ihrer Entwicklung sind und dass sie Rechte haben, gibt es Konsequenzen für die Praxis. Im dritten Kapitel dieses Buches sind unterschiedliche Beispiele aufgezeigt, um die Vielfältigkeit zu demonstrieren. Es soll aber bereits an dieser Stelle darauf aufmerksam gemacht werden, dass Kinderkonferenzen nicht das Allheilmittel sind, um Kinder zu beteiligen. Sie können schnell auch zu Alibiveranstaltungen verkommen, wenn sie lediglich Erwachsenenformen kopieren. Kinder erleben zu lassen, dass sie gefragt sind, ihre Meinung zählt und ihr Mitentscheiden wirklich gewollt ist, zeigt sich in vielen, oft alltäglichen, scheinbar kleinen Situationen. Diesen auf die Spur zu kommen, ist eine dankbare Aufgabe im ersten Schritt Ihrer Planung: der Untersuchung der Ist-Situation.
Sie werden entdecken, dass der Erfahrungsgehalt in der Beziehung steckt. Ihr Repertoire für erzieherisches Handeln wird sich dann nicht in vorzeigbaren Projekten erschöpfen.

> Artikel 13 der UN-Kinderkonvention:
> „Das Kind hat das Recht auf freie Meinungsäußerung; dieses Recht schließt die Freiheit ein, ungeachtet der Staatsgrenzen Informationen und Gedankengut jeder Art in Wort, Schrift oder Druck, durch Kunstwerke oder andere vom Kind gewählte Mittel sich zu beschaffen, zu empfangen und weiterzugeben."

Bekommen die Kinder ihr Recht auf Enträtseln der Welt?

Erkunden

Welche Rechte von Kindern sichert das KJHG zu?

Jedes Kind hat das Recht „auf Förderung seiner Entwicklung und auf Erziehung zu einer eigenverantwortlichen und gemeinschaftsfähigen Persönlichkeit" – so steht es in § 1 des Kinder- und Jugendhilfegesetzes (KJHG) von 1990. Weiter heißt es, dass für Kinder und ihre Familien „positive Lebensbedingungen" herzustellen sind sowie eine „kinder- und familienfreundliche Umwelt zu erhalten und zu schaffen" ist (§ 1, Abs. 3).

An diesem umfassenden Auftrag muss sich auch die Arbeit der Kita messen lassen. Da ist noch eine Menge zu tun und zu erkunden. Wie sieht die Lebenswirklichkeit der Kinder bei Ihnen aus? Ist sie „kinder- und familienfreundlich"? Was kann gesagt, getan werden, um dieses Recht nicht nur auf dem Papier stehen zu lassen?

> **KJHG**
> § 1 (1) Jeder junge Mensch hat ein Recht auf Förderung seiner Entwicklung und auf Erziehung zu einer eigenverantwortlichen und gemeinschaftsfähigen Persönlichkeit.
> (3) Jugendhilfe soll zur Verwirklichung des Rechts nach Absatz 1 insbesondere ... dazu beitragen, positive Lebensbedingungen für junge Menschen und ihre Familien sowie eine kinder- und familienfreundliche Umwelt zu erhalten oder zu schaffen.

Welche Rolle spielt das KJHG in Ihrer Kita?

Für unser Demokratiebuch ist auch von Bedeutung, dass der § 8 des KJHG ein grundsätzliches Beteiligungsrecht der Kinder festschreibt: „Kinder und Jugendliche sind entsprechend ihrem Entwicklungsstand an allen sie betreffenden Entscheidungen der öffentlichen Jugendhilfe zu beteiligen." (§ 8, Abs. 1, KJHG) Das ist eine direkte Aufforderung an Pädagogen, der Stimme der Kinder in der Kommunalpolitik Gehör zu verschaffen. Denn wo könnte ein besserer Ausgangspunkt für die Organisation von Kinderinteressen sein als dort, wo sie sich jeden Tag aufhalten, wo sie gewohnt sind sich einzubringen, wo sie sich gemeinsam und mit vertrauenswürdigen Erwachsenen beraten können. Welche Ideen kommen Ihnen dazu in den Kopf?

Im gleichen Paragraphen wird Kindern auch das Recht zugesprochen, sich eigenständig „in allen Angelegenheiten der Erziehung und Entwicklung an das Jugendamt zu wenden" (Abs. 2). Woran das Gesetz hier denkt, macht Absatz 3 klar: „Kinder und Jugendliche können ohne Kenntnis des Personensorgeberechtigten beraten werden, wenn die Beratung aufgrund einer Not- und Konfliktlage erforderlich ist und solange durch die Mitteilung an den Personensorgeberechtigten der Beratungszweck vereitelt würde." Es geht also um Fälle von Vernachlässigung und Missbrauch. Der § 8 steht nicht gegen das Erziehungsrecht von Eltern, er gibt aber Kindern das Recht, selber aktiv zu werden. Als Erzieherin ist es wichtig, von diesen Rechten der Kinder zu wissen. Besonders in der Hortarbeit könnte das eine Bedeutung haben.

Haben Mehrheiten immer Recht?

Eine Demokratie lebt von Mehrheitsentscheidungen. Wenn viele eine Angelegenheit regeln wollen, ist es nicht immer möglich, eine Lösung zu finden, die alle gleichermaßen zufrieden stellt. Fordert ein demokratischer Lebensstil in der Kita, sich ständig der Mehrheit zu beugen? Ist eine Minderheit damit ohne Einfluss? Schwer, darauf eine Antwort zu finden. Wie würden Sie das in Ihrem Team beantworten?

Politisch gesehen, existiert auch in der Staatsform Demokratie ein Minderheitenrecht. Demokratische Abstimmungen in Parlamenten kennen alle die letzte Bindung des Einzelnen an sein Gewissen. Die deutsche Geschichte zeigt, dass die Mehrheit eines Volkes nicht davor schützt, Verbrechen zu begehen.

Sicher möchte niemand immer zur Minderheit gehören. Es gibt aber Beispiele, wo Einzelne oder Minderheiten aus späterer Sicht betrachtet Recht behalten hatten. Manchmal sind es gerade die Querdenker, die weiterführende Ideen haben. Sie wahrzunehmen und nicht mit der Mehrheit zu überfahren, gehört auch zum demokratischen Lebensstil. Aber wie geht das praktisch?

Wichtig für den Stil der Einrichtung ist, dass die in einer Abstimmung Unterlegenen nicht als „Verlierer" angesehen werden. Sie konnten sich mit ihrer Meinung nicht durchsetzen, sie wurden vielleicht einfach nicht verstanden, ihre Argumente waren zu schwach oder die „Notwendigkeiten" des Alltags sprachen dagegen. Das ist subjektiv belastend, aber ein an Freiheit und Mitwirkung orientiertes Demokratieverständnis ist angewiesen auf unterschiedliche Meinungen und Einsichten. Auf Dauer ist es natürlich auch nicht verträglich, wenn wenige über viele bestimmen.

In manchen Fällen ist ein Konsensprinzip sinnvoll, das heißt eine Entscheidung kann nur dann fallen, wenn alle zustimmen. Sicher gibt es Bereiche in der Kita, für die Sie dieses Prinzip in Anspruch nehmen wollen, wie zum Beispiel Fragen der Konzeption des Hauses. In der Regel lassen auch gemeinsame Entscheidungen individuelle Spielräume.

Oft sind es die Querdenker, die weiterführende Ideen haben

Erkunden

Ein fehlerfreundliches Klima in der Kita macht entscheidungsfreudig

Wer sie ausschöpft, verstößt noch nicht gegen die Abmachungen. Und viele Fragen des Alltags können unterschiedlich beantwortet und dem persönlichen Stil der Erzieherin überlassen werden.

Immer alles bereden?

Kennen Sie das auch aus Ihren Teambesprechungen? Es gibt Kolleginnen, die immer und zu jedem etwas zu sagen haben – ob es passt oder nicht. Mitreden scheint die alleinige Devise zu sein. Da kann einem schon einmal der Hut hochgehen, und man möchte dazwischenrufen: „Genug, jetzt wird das so gemacht! Es muss doch nicht alles zerredet werden!" Manches kann wirklich vom Leben entschieden werden oder von der Köchin oder einer Erzieherin allein oder dem Träger. Deswegen lauert nicht gleich die Gefahr autoritärer Strukturen. Demokratische Verfahren in der Kita dürfen nicht verkommen zu Quatschrunden, die jede bald überhat.

Eine gute Gesprächsführung kann eine Beteiligung aller erleichtern:
- „Ich" sagen, wenn „ich" gemeint ist und „wir" sagen, wenn „wir" gemeint ist,
- den anderen ausreden lassen,
- nachfragen bei Unklarheiten, sich Gewissheit verschaffen,
- seine Gedanken und Fantasien mitteilen, die durch Redebeiträge ausgelöst werden,
- auf vorschnelle Bewertungen von persönlichen Beiträgen verzichten,
- Meinungen bündeln und Entscheidungsvarianten diskutieren,
- Verabredungen festhalten und gegebenenfalls Kontrollen einplanen.

Klar ist, dass keine Entscheidung für die Ewigkeit getroffen wird. Veränderte Bedingungen, neue Sachkenntnis oder sich wandelnde Bedürfnisse können dazu führen, Gewohnheiten zu überprüfen und Entscheidungen zu korrigieren. Fehler, Um- und Irrwege gehören dazu.
Diese Einsicht hilft manchmal auch, zu pragmatischen Entscheidung zu kommen und sich für Entwicklungen offen zu halten.

Wem sind Erzieherinnen verantwortlich?

Demokratische Lebensformen in einer Kita erlauben ein hohes Maß an Beteiligung vieler. Doch Mehrheitsentscheidungen oder eine gemeinsame Entscheidung erübrigt nicht die Frage, wem Sie als Erzieherin letztlich verantwortlich sind. Es gibt keine Partei, „die immer Recht hat". Die Anordnungen der Leiterin machen nicht überflüssig, eigenes Handeln kritisch zu überprüfen. Sie werden vermutlich antworten, dass Sie sich vor allem den Kindern und den Eltern gegenüber verantwortlich fühlen und einem gesellschaftlichen Auftrag verpflichtet sind. Darüber hinaus bleibt eine „innere" Verantwortung, sozusagen das eigene pädagogische Gewissen. Dies wird stark mitbeeinflusst vom Bild des Kindes, das Sie Ihrer Arbeit zugrunde legen, von eigenen prägenden Erfahrungen und pädagogischen Haltungen. Jede pädagogische Arbeit hat eine Grundlage in individuellen und gesellschaftlichen Werten, humanen Einstellungen oder religiösen und kulturellen Normen.

Erzieherinnen, die ständig betonen, alles nur für „ihre" Kinder zu tun, ausschließlich für das Wohl der Kinder da zu sein, sind verdächtig. Schon die Rede von „meinen" Kindern ist fragwürdig. Kinder „gehören" nicht einmal ihren Eltern, sondern sind eigenständige Menschen von Geburt an und der Liebe und Fürsorge der Eltern anvertraut. Wenn Kinder nicht einmal Besitz der Eltern sind, wie viel weniger sind sie „Besitz" der Erzieherin. Kinder sind auf Zeit anvertraute Menschen, mit denen Sie gemeinsam eine Wegstrecke des Lebens gehen. Demokratische Lebensformen haben einen Zusammenhang mit solchen ethischen Normen. Nicht zufällig haben sie sich mit den Rechten der Menschen entwickelt. Beides gehört zusammen: Menschenrechte und Demokratie.

Ist die Kita eine lebendige Gemeinschaft, so müssen alle Beteiligten daran mitwirken können, „positive Lebensbedingungen" herzustellen. Dabei wirken sich ethische und moralische Grundhaltungen aus. Die christliche Religion legt Wert auf die Würde des einzelnen Menschen, auf einen fürsorglichen Umgang miteinander und fördert Vertrauen in das Leben. Für viele Erzieherinnen in Ostdeutschland ist es neu, religiöse Lebensformen von Kindern und Familien zu beachten. Aber es ist nötig, sich damit auseinander zu setzen.

Erwachsene, die ständig betonen, alles nur für „ihre" Kinder zu tun, sind verdächtig

Erkunden

Wie gelingt die Abstimmung mit den Eltern?

Von Anfang an wird klar: Hier werden Wünsche beachtet und Anforderungen gestellt

Wenn demokratische Strukturen und Lebensformen für den Situationsansatz zentral sind, dann braucht es die Abstimmung mit den Eltern. Auch das Kinder- und Jugendhilfegesetz legt fest, dass die Erfüllung der Aufgaben der Jugendhilfe, also auch die Arbeit in Kindertagesstätten, „die von den Personensorgeberechtigten bestimmte Grundrichtung der Erziehung" (KJHG § 9) zu beachten hat. Grundsätzlich haben Mütter und Väter gegen eine demokratische Gestaltung der Kita nichts einzuwenden. Im Blick auf die Konsequenzen ergeben sich aber bestimmte Konflikte. Sicher fallen Ihnen sofort einige Alltagssituationen ein, zum Beispiel die Frage nach der „Aufsichtspflicht", wenn Sie einigen Kindern zutrauen, allein im Garten zu spielen. Zur Frühstücksgestaltung oder dem Mittagsschlaf gibt es regelmäßig Diskussionen: Wie viel Selbstständigkeit und Eigenverantwortung finden Eltern noch gut? Was erlauben sie ihrem Kind in der Familie? Auch das ist wichtig zu besprechen. Kinder können zwar schnell zwischen beiden Lebensorten unterscheiden und realisieren auch, dass es unterschiedliche Gewohnheiten gibt, aber zu große Unterschiede sind für das Kind schwer zu verstehen und zu bearbeiten.

Sicher geben Sie in Ihrer Kita dem ersten Gespräch mit den Eltern eine besondere Bedeutung. Ist das allein die Aufgabe der Leiterin, oder kann sich die Mutter, der Vater im Kontakt auch mit den Gruppenerzieherinnen ein Bild machen, wie es bei Ihnen so zugeht? Es kann ja nichts schaden, wenn Eltern bereits bei ihrem ersten Kontakt zur Kita merken, dass mehrere mitzureden haben. Das schließt nicht aus, dass die Leiterin entsprechend ihrer Aufgabenbeschreibung durch den Träger die Entscheidung zur Aufnahme zu fällen hat.

Wie gelingt die Abstimmung mit den Eltern?

Analysefragen zur Zusammenarbeit mit Müttern und Vätern

Die folgenden Analysefragen haben sich bewährt, um die eigene Praxis der Zusammenarbeit mit Eltern auszuwerten und zu reflektieren:
- Wie läuft das Aufnahmeverfahren bei Ihnen ab? Was erfährt man dadurch über den Stil in Ihrer Kita?
- Welche Erwartungen haben Sie an die Mitarbeit der Eltern? Welche haben Mütter und Väter?
- Welche konkreten Ideen, Vorhaben und Wünsche zur Mitgestaltung bringen Eltern ein?
- Mit welchen Formen der Zusammenarbeit und gegenseitigen Information haben Sie bisher gute Erfahrungen gemacht, welche wollen Sie noch ausprobieren?
- Gibt es gemeinsame Vorhaben von Eltern und Erzieherinnen (evtl. auch mit dem Träger zusammen) zur Verbesserung der Lebensbedingungen der Kinder im Ort?
- Wie werden Eltern in die Entwicklung der Kita-Konzeption einbezogen?
- Welche Beteiligungsrechte sieht das Landes-Kita-Gesetz für Eltern vor?
- Welche konkrete Ausgestaltung dieser Rechte ist beim eigenen Träger möglich?

Entsprechend Ihrer Situation und Ihrem Wissensdurst sollten konkrete Analysefragen ergänzt werden.

Wie bewerten Sie die Zusammenarbeit mit den Eltern in Ihrer Kita?

Wie erfolgt die Dokumentation der pädagogischen Arbeit?

Information ist eine der Voraussetzungen, um sich beteiligen zu können. Dies gilt auch für Eltern. Deswegen messen Erzieherinnen der Dokumentation ihrer pädagogischen Arbeit große Bedeutung bei. Eltern können gezielter nachfragen, wenn sie wissen, was in der Kindergruppe gerade dran ist. Die Pädagogin muss nicht zwanzig Einzelgespräche führen, um eine Information oder eine Bitte an den Mann oder die Frau zu bringen. Plakatwände, Litfaßsäulen, Elternbriefe ... der Fantasie sind keine Grenzen gesetzt. Und wenn die Kinder sich daran beteiligen, Einblick in das Geschehen in ihrem Haus zu gewähren, können Sie noch sicherer sein, dass Eltern die Informationen auch zur Kenntnis nehmen.
An welchen guten Erfahrungen können Sie anknüpfen? Wo lohnt es, sich kundig zu machen über Möglichkeiten, die sich bei anderen bewährt haben?

Erkunden

Der Situationsansatz fördert demokratische Lebensformen

Die Schlüsselsituation „Demokratie und gesellschaftliches Leben mitgestalten" thematisiert den Situationsansatz selbst

Es genügt nicht, wenn nur eine Erzieherin demokratisch denkt und handelt: Das ganze „Gemeinwesen" Kita muss so gestimmt sein, was unterschiedliche Interessen und unterschiedliche Intensität der Beteiligung nicht ausschließt. Erzieherinnen, die lieber gesagt bekommen – durch Leiterin oder einen Plan –, was sie täglich zu tun haben, werden mit dem Situationsansatz Probleme haben. Zu einem seiner typischen Kennzeichen gehört nämlich die aktive kompetente Beteiligung Einzelner.

Zum Beipiel würde eine Beteiligung der Eltern über „Handlangerdienste" bei Festen hinausgehen. Autoritäre Strukturen machen eine pädagogische Arbeit nach dem Situationsansatz nicht möglich.

Es ist bekannt, dass dieses pädagogische Konzept einer Bewegung der 70-er Jahre im Westen entstammt, einer Zeit, in der sich viele Leute für mehr Partizipation und Solidarität in der Gesellschaft eingesetzt haben. So war damals und ist heute die Schlüsselsituation „Demokratie wagen" nicht ein zusätzliches Thema, sondern thematisiert diesen pädagogischen Ansatz selbst: Wer nach dem Situationsansatz arbeitet, ist interessiert an demokratischen Strukturen, will demokratische Lebensformen entwickeln, mehr Gerechtigkeit ermöglichen, persönliche und gesellschaftliche Freiheit zu einer erfahrbaren Wirklichkeit werden lassen und kann darum auch manchmal eigene Freiheiten zugunsten anderer beschränken. Weil das so ist, schließen sich zum Beispiel religiöse Erziehung und Situationsansatz nicht aus, sondern ergänzen sich vorzüglich. Denn auch für religiöse Erziehung sind Gerechtigkeit und Freiheit wesentliche Inhalte.

Nach der eigenen Kindheit fragen

Ein guter Zugang, die Feinheiten des demokratischen Umgangsstils aufzuspüren, ist es, sich an eigene Kindheitserlebnisse zu erinnern:
- Wann habe ich mich als Kind besonders geachtet gefühlt?
- Wann habe ich mich besonders übergangen oder missachtet gefühlt?

In Fortbildungen hat sich bewährt, diese Erinnerungen aufzumalen und sich anschließend darüber auszutauschen. Auch für Teamgespräche und Elternrunden ist dies eine gute Methode, die Bedeutsamkeit alltäglicher Kontakte, die nachhaltige Verletzbarkeit durch scheinbar nebensächliche Bemerkungen oder Begebenheiten zu erkennen.

Durchschaubare Entscheidungen und Beziehungen

Wenn wir unsere Gesellschaft mit einem Netz von Beziehungen vergleichen, durch welche die Menschen miteinander verbunden sind, so wäre im Ideal eine demokratische Gesellschaft dadurch bestimmt, dass Entscheidungen und Beziehungen durchschaubar, klar geregelt sind und veränderbar bleiben, wenn eine Mehrheit das will.

Für die Kita als soziales System gilt Entsprechendes: Demokratische Formen erlauben Offenheit in den Entscheidungen. Sie sind nachvollziehbar. Sie werden mit anderen diskutiert und nicht einfach verordnet. Es gibt eine geregelte Mitsprache untereinander und mit dem Träger. Die Rechte der Eltern sind deutlich, und Kinder werden ihren Fähigkeiten angemessen einbezogen.

Entspricht das ungefähr der Alltagspraxis in Ihrer Kita, oder wo und wie sehen Sie den dringendsten Veränderungsbedarf?

Um das herauszufinden, können Sie parallel zu den drei Analysefragen des Situationsansatzes (vgl. Das kleine Handbuch zum Situationsansatz, in dieser Praxisreihe) die folgenden Fragen zugrunde legen. Sie helfen, die Bedeutung der Schlüsselsituation „Lebensform Demokratie" in der eigenen Kindergruppe bzw. in der eigenen Kita zu klären:

• Inwieweit sind die Kinder in meiner Kindergruppe von der Schlüsselsituation „Demokratie mitgestalten" betroffen? Welche Beziehungen lassen sich zur Erfahrungs- und Erlebniswelt der Kinder herstellen?

• In welcher Weise kann die Handlungsfähigkeit der Kinder gefördert werden, das heißt wie kann sich ihr selbstständiges, sachkompetentes und solidarisches Handeln weiterentwickeln?

• Inwieweit können Kinder beispielhaft erleben, dass sie und Erwachsene im gemeinsamen Handeln Einfluss auf ihre Situation nehmen können?

Analysefragen für die konkrete Kindergruppe

ERSTMAL MUSS DER TEPPICH WEG!
WIESO DENN?
DEN KANN MAN DOCH NOCH GEBRAUCHEN!
GENAU!

2. Entscheiden – Ziele festlegen

Kinder sind von Geburt an bestrebt, sich ihre Umgebung aktiv anzueignen. Jedes Kind will in Beziehungen leben und zu einem sozial fühlenden, denkenden und handelnden Menschen werden. Die Psychologie weist darauf hin, dass Kinder wie die Luft zum Atmen ein festes Vertrauen zu den Menschen brauchen, mit denen sie zusammenleben. Wer einmal so ein Urvertrauen entwickeln konnte, ist gut auf das Leben in seiner Vielfalt vorbereitet.

Wenn Kinder in die Kita kommen, haben sie schon ein Gefühl dafür entwickelt, was es bedeutet, in unserer Welt zu leben. Wer interessiert ist, mit ihnen in der Kita einen demokratischen Lebensstil zu pflegen, wird sich auf ihre unterschiedlichen Erfahrungen einstellen, die sie bereits in den ersten Monaten oder Lebensjahren erworben haben.

In diesem Kapitel werden vor allem drei Ziele in den Blick genommen, die allesamt wichtig sind, wenn die Kita den Anspruch erfüllen will, Lernort für Demokratie zu sein:

• Entwicklung von Ichkompetenz
Jedes Kind soll in der Kita erleben können: Es ganz persönlich ist wichtig, andere hören ihm zu, seine Meinung zählt.

• Aufbau von Sozialkompetenz
Kinder leben in einer Kita mit anderen zusammen, in einer Gruppe, in einem Haus. Sie lernen, dass man sich einigen muss, dass andere genauso wichtig sind wie sie selbst.

• Erwerb von Sachkompetenz
Kinder sind in ihren eigenen Angelegenheiten sachkompetent. In diesem Sinne kann die Kita ein Lebensort sein, an dem sie erfahren können, was wo, warum und wie geschieht, und sie können mitentscheiden, was sich ändern soll. Sie erleben: Wenn ich etwas weiß, kann und will, kann ich etwas beeinflussen.

Entscheidend ist bei allem nicht der offizielle Lehrplan, sondern der heimliche. Wirksam ist, was Kinder bei Erwachsenen erleben, mit denen sie ihr Leben teilen. Welche Ziele gelten als erstrebenswert – und zwar nicht nur auf dem Papier –, und wie wird mit Widersprüchen umgegangen? Das sind die nachhaltigen Erfahrungen.

Entscheiden

„Auf mich kommt es an"

Entwicklung von Ichkompetenz

Jede Erzieherin weiß aufgrund ihrer entwicklungspsychologischen Kenntnisse, Kinder entwickeln in Auseinandersetzung mit anderen (Interaktion) ihr eigenes Ich (Identität). Wer mitreden und entscheiden will, muss auch zu sich selbst Ja sagen können. Wenn in diesem Kapitel zwischen Ich-, Sach- und Sozialkompetenz unterschieden wird, bedeutet das nicht, die Kinder als „ganze" Personen aus dem Blick zu verlieren. Es soll vielmehr helfen, die eigenen Beobachtungen zu schärfen und den einzelnen Fähigkeiten und Kompetenzen ihre jeweilige Bedeutung zu geben, ohne zu vergessen, wie die Dinge zusammenhängen.

So bedarf das Kind zum Beispiel der Stärkung von Fähigkeiten seiner Ichkompetenz, um seine Sozialkompetenz zu erwerben oder weiter auszuprägen. Selbstvertrauen, Selbstständigkeit und Selbstbestimmung als Kennzeichen der Ichkompetenz machen es dem Kind leichter, einen Stil in der Kita anzunehmen, wo sich jeder nach seinen Möglichkeiten beteiligen kann – aber auch soll. Dabei ist nicht zu vergessen, dass es den jüngeren Kindern schwer fällt, gemeinsame Interessen mit anderen auszuhandeln, da sie sich noch nicht in andere einfühlen können.

Der Besuch der Kita ist für Kinder ein wichtiger Schritt aus der Familie in eine andere soziale Gemeinschaft. Damit ist keine Entfremdung gemeint, wohl aber die Erfahrung, dass sich das soziale Umfeld ändern kann. Mütter haben manchmal damit Probleme, dass die Kita mit ihren anderen sozialen Gewohnheiten Kinder in Distanz zur Familie bringt. Dies ist aber nötig zur Ich-Stärkung, weil es dem Kind nur durch die Lockerung frühkindlicher Bindungen gelingt, sich in Auseinandersetzung mit anderen weiterzuentwickeln. Das „Ich" braucht größere Freiräume, um sich sozial zu betätigen.

Selbstvertrauen

Soll das Selbstvertrauen der Kinder gestärkt werden, kann es nicht allein nach dem Motto vieler Erzieherinnen

„Auf mich kommt es an"

gehen: Hauptsache, „meine" Kinder fühlen sich wohl! Denn dabei werden womöglich Widrigkeiten beiseite geräumt, die Chancen beinhalten. Selbstvertrauen wächst in der Auseinandersetzung mit Anforderungen, wie sie ein Zusammenleben nun einmal mit sich bringt. Hier ist Feingefühl wichtig. Die Erzieherin wird darauf achten, dass das Kind nicht von Anforderungen erdrückt wird, denen es nicht entsprechen kann und die sein Vertrauen in sich blockieren. Das Kind braucht Unterstützung, unangenehme oder schmerzhafte Erfahrung zu verarbeiten und Personen, die ihm ein Echo geben bei Erfolg und Freude.

Selbstbestimmung

Kommen Kinder neu in die Kita, finden sie einen gestalteten sozialen Raum vor mit Gewohnheiten, Regeln, Ritualen. Nachdem Kinder Zeit hatten, sich in diese Ordnungen „einzugewöhnen", brauchen sie die Freiheit, ihren Tag selbst mitbestimmen zu können. Wer die Selbstbestimmung der Kinder fördern will, muss dem einzelnen Kind auch abweichendes Verhalten zugestehen. Vielleicht fällt Ihnen als Erzieherinnen das manchmal schwer, weil Sie es als Kritik des Kindes an Ihrer Art oder Ihren Angeboten deuten. Wie aber soll die Fähigkeit wachsen, konstruktiv Interessengegensätze aufzunehmen, wenn es dem Kind nicht möglich ist, sich anders zu entscheiden?

Selbstständigkeit

Kinder wollen früh selbstständig werden. Sie wollen sich selber waschen, anziehen, alleine Wege gehen, in der Küche bei der Essensbereitung helfen. Kinder lernen selbst in kleinen Alltagssituationen zum Beispiel einer gemeinsamen Planung und Zubereitung des Frühstücks ihrer Gruppe Wichtiges für den demokratischen Lebensstil: Gemeinsames Handeln beruht auf Abstimmung und einer von der Mehrheit getragenen Absicht sowie der Bereitschaft, sich an die Absprachen zu halten.
Die Kita bietet eine Fülle solcher kleinen Möglichkeiten mit großer Wirkung, die Eigentätigkeit der Kinder zu unterstützen – die Erzieherin und das Team müssen es nur wollen.

Kleine Begebenheiten mit großer Wirkung: davon hat der Kita-Alltag viel zu bieten

Entscheiden

Die Fragen der Kinder

Reaktionen der Erwachsenen auf Fragen der Kinder sind von nachhaltiger Bedeutung

Zum Aufbau der Ichkompetenz gehören die Fragen der Kinder, die leider in der Regel wenig Beachtung finden. Die Erfahrung, ich bin wichtig, auf mich kommt es an, machen Kinder gerade bei ihrem Fragen nach Gott und der Welt; dabei, wie andere Personen ihr Fragen aufnehmen.
Aus Ihrer Praxis wissen Sie, bereits kleine Kinder fragen gern und viel. Ihr Interesse an ihren Fragen bedeutet für die Kinder Zuwendung und Anerkennung. Damit sind günstige Entwicklungsmöglichkeiten für eine fragende, neugierige Haltung vorhanden. Doch nicht immer verstehen die Erwachsenen die Fragen der Kinder. Das kann daran liegen, dass die Fragen nicht deutlich und klar formuliert sind oder den Erwachsenen die Einfühlung fehlt. Untersuchungen zeigen, dass die Reaktion auf Kinderfragen weit reichende Bedeutung hat. Wiederholen sich die Anlässe, bei denen Fragen nicht verstanden oder aufgenommen werden, schlussfolgert das Kind, dass sich auf diesem Gebiet keine Kommunikation aufbauen lässt. Die Straße der Erkenntnis, die das Kind mit seinen Fragen geht, wird sozusagen jedes Mal abgebrochen oder führt ins Leere. Kinder antworten darauf mit einem eigenen Sanktionsmechanismus. Sie fragen nicht mehr nach diesen Dingen und verlieren so den Umgang mit dem Thema. Damit versinken ganze Erkenntnisbereiche – manchmal für immer. Dazu gehörte lange Zeit

Die Fragen der Kinder

das Thema Sexualität und gehört immer noch das Tabu Tod. Heute sind häufig religiöse Fragen davon betroffen, etwa die nach Gott, den Engeln oder wer die Welt gemacht hat.

Kinder als „Philosophen"

Wer viel mit Kindern zusammen ist, weiß darum, Kinder stellen besonders im Alter von vier bis fünf Jahren „philosophische" Fragen: „Können Blumen glücklich sein?" „Wie kommt die Klotür in mein Auge?" (Freese 1990/Zoller 1995).
Die Fragen der Kinder bedeuten viel für ihre Selbstwahrnehmung. Was Kinder fragen und welchen Stellenwert das Fragen behält, vermittelt sich von einem frühen Zeitpunkt an dialogisch. Je mehr Erwachsene von den Fragen (nicht den Antworten!) verstehen, umso intensiver spüren die Kinder: Ich werde gehört, ich werde verstanden, ein Dialog ist möglich.
Nach der Vorbereitungsphase des Fragens (bis zum zweiten Lebensjahr) erfolgt die Ausbildung des Fragens vor allem im Alter von drei bis sechs Jahren. Fragen, darin ist sich die Wissenschaft einig, entstammen dem Bedürfnis, sich zu orientieren – sowohl im Blick auf die Sachen wie auf die Menschen.

Besonders interessant sind die Warum-Fragen. Sie entwickeln sich erst bei den Vier- und Fünfjährigen. Die sprachliche Verfügung lässt Kinder teilhaben an den offenen Lebensverhältnissen. Denn Warum-Fragen eröffnen Kausalbeziehungen (Zusammenhang von Ursache und Wirkung), das Zeit-Problem, das Schuld-Problem, das Daseins-Problem (warum überhaupt etwas ist und nicht nichts).
Kinder können ihre Erfahrungen oft nicht einordnen. Sie orientieren sich mit Fragen in der offenen Welt mit ihren Widersprüchen und lernen bald, dass auch Erwachsene nicht auf alles eine Antwort wissen. Wesentliche Fragen sind auch nicht mit einer schlichten Antwort zu lösen.

Ziel pädagogischer Arbeit muss also sein, Kinder in ihren Fragen ernst zu nehmen und eine „Frage-Kultur" in der Kita zu fördern (und uns als Erwachsene dabei nicht auszuschließen, sondern davon anstecken zu lassen). Erzieherinnen sollten sich darin üben, die Fragen der Kinder zu hören. Die Kinder stellen ihre Fragen oft sehr leise und manchmal ohne Fragezeichen.
Wo Fragen der Kinder in der Kita nicht verhindert werden, kann sich eine Grundbefähigung für demokratischen Lebensstil aufbauen (Rauschenberger 1985/Schweitzer 1997). Man lernt früh, auf andere zu hören, sich Gedanken zu machen, den Sachen auf den Grund zu gehen, lieber eine offene Frage auszuhalten, als sich in Scheinsicherheiten zu wiegen.

Pädagogisches Ziel: eine Frage-Kultur zwischen Kindern und Erwachsenen

Entscheiden

„Du bist hier nicht allein"

Soziale Kompetenzen zu erwerben, ist ein anerkanntes Ziel in Tageseinrichtungen. Denn Lernchancen der Kinder für Gemeinsinn sind heute oft eingeschränkt. So steigt zum Beispiel die Tendenz zur Ein-Kind-Familie – man muss sich nicht mehr mit Geschwistern arrangieren. Es kommt vor, dass in einer Gruppe viele Kinder aus sogenannten Ein-Eltern-Familien kommen – mit einer hohen Beziehungsdichte in dieser Zweisamkeit. Nachbarschaftsbeziehungen sind nicht mehr ohne weiteres vorauszusetzen – sie entfallen damit als soziales Lernfeld für Kinder.
Es ist deshalb nicht zufällig, dass alle Konzepte, die von der Lebenswirklichkeit der Kinder ausgehen, die Bedeutung der Kita als Ort sozialen Lernens hervorheben. Das bekräftigt auch, die Kita als soziales Netzwerk für Eltern und Kinder zu sehen.
Nicht nur für Familien in belastenden Lebenssituationen, für ausländische oder neu zugezogene Familien ist dies wichtig, sondern auch für die sogenannte Normalfamilie.

Aufbau von Sozialkompetenz

Die Vermittlung sozialer Kompetenz erfordert kein gesondertes Lernprogramm. Alltägliche Situationen in der Kita: Ankommen, Verabschieden, gemeinsam Kochen und Essen, mit anderen etwas basteln, mit Freunden im Garten spielen – all das sind ideale Gelegenheiten für soziales Lernen. Es gehört zur Professionalität der Erzieherin, die Reichhaltigkeit solcher Alltagssituationen zu nutzen. Gleichzeitig wird sie darauf achten, die Kinder nicht zu überfordern, Situationen nicht zu überfrachten.

Moralisches Lernen

Soziales Handeln beruht auf bestimmten Vorstellungen vom Menschen und einem „guten" Leben. Kinder müssen auch für sich solche Vorstellungen entwickeln können. Das Problem dabei ist, dass sich Werte nicht einfach mit Worten vermitteln lassen. Man handelt mitunter wider besseres Wissen. Untersuchungen belegen, Kinder brauchen für moralisches Lernen vor allem das Beispiel. Moralerziehung heißt demzufolge, nach der Qualität der Lebensumstände zu fragen, unter denen Kinder aufwachsen, und zu prüfen, was sie im Alltag mit uns Erwachsenen erleben.
Vom Säuglingsalter an lernt das Kind seine Triebe, Wünsche und Bedürfnisse zu befriedigen, aber auch zu steuern und zu kontrollieren. Dies ist ein wesentlicher Teil der sich ausbildenden Selbstständigkeit (Autonomie). Im Kind entsteht dabei das Gewissen als „innere Leitung" seines Tuns. Kinder sind damit beschäftigt herauszufinden: Was ist gut, was ist böse?
Diese Prozesse sind von starken Gefühlen begleitet und werden nicht allein durch den Verstand gelenkt.

„Du bist hier nicht allein"

Zu einem moralischen Verhalten gehört zum Beispiel die Fähigkeit, sich einfühlen zu können in die Situation anderer Kinder. Dies setzt wieder voraus, sich selbst geachtet und beachtet zu wissen. Moralisches Handeln entwickelt sich also in Beziehungen und nicht entlang des moralischen Zeigefingers.

Häufig wird die Frage gestellt, vor wem und wofür ich mich verantwortlich fühlen muss. Das sind sicher die anderen, mit denen ich lebe, aber auch die Natur, die Tiere, die ganze „Schöpfung". Aber ich will auch vor mir selbst bestehen können. Von Erwachsenen wird erwartet, sich sogar vor denen, die nach uns geboren werden, zu verantworten. Woher kommen die Kraft und der Wille dazu? Dem einen ist die Religion Maßstab und Richtung – in Deutschland sind es vor allem die christlichen Kirchen und neuerdings auch der Islam – andere finden Orientierung an allgemeinen humanen Wertmaßstäben, die ihnen „vernünftig" erscheinen.

Kinder brauchen Begleitung in der Entwicklung ihres moralischen Urteilsvermögens. Ihre Fragen nach dem Sinn hinter den Dingen brauchen ein Echo bei den Erwachsenen. Die Erwachsenen sind auch verantwortlich dafür, welche Erfahrungen Kinder in der Kita machen können. Für einen demokratischen Umgang ist es bedeutsam, dass sie etwas von dem erfahren, was die großen Worte Gerechtigkeit, Freiheit, Solidarität ausdrücken. Dann werden sie auch ihr eigenes Urteilen und Handeln daran ausrichten können.

Moral entwickelt sich in Beziehungen, in konkreten Situationen, die es zu bestehen gilt

Entscheiden

„Wer mitreden will, muss wissen, worum es geht"

Erwerb von Sachkompetenz

Kinder in der Kita an der Gestaltung des Tages zu beteiligen, darf keine „Scheindemokratie" werden. Wenn Kinder ernsthaft in Entscheidungen, Planungen, Überlegungen einbezogen werden, benötigen sie auch Sachkompetenzen. Daher gehört neben einer Stärkung der Persönlichkeit des Kindes und einer Stärkung seiner sozialen Fähigkeiten als Ziel pädagogischer Arbeit auch die Erweiterung von Sachkompetenz. Wer mitreden und etwas gestalten will, muss wissen, worum es geht.

Der „Forscherdrang" von Kindern ist dafür eine gute Voraussetzung. Sie sind in der Regel neugierig, unternehmungslustig, wissensdurstig – allerdings nicht allein mit dem Kopf. Kinder machen sich sachkundig durch Tun, Probieren, den Gebrauch ihrer Sinne. Gefühl, Verstand, Tun liegen bei ihnen enger beieinander als bei uns Erwachsenen.

Wer die Beteiligung von Kindern ernsthaft fördern will, muss ihnen auch die Gelegenheit einräumen, sich kompetent zu machen. Dazu brauchen sie eine Lust machende, Fantasie stiftende, gut ausgestattete Umgebung, die sie animiert, produktiv tätig zu sein.

DABEI HABE ICH IHR JEDEN TAG VON MEINEM KAKAO ABGEGEBEN!

Wenn zum Beispiel ein Kräuterbeet angelegt werden soll, empfiehlt sich der Besuch bei einem Gärtner, um zu erfahren, welcher Ort günstig ist, ob ein Hochbeet oder eine andere Variante zu empfehlen ist. Auch über Pflanzzeiten und Verträglichkeit der Kräuter untereinander kann man etwas lernen, nicht nur über Abstimmungsprozesse in der Kindergruppe. Ein kompetenter Umgang heißt: Was muss ich wissen, was muss ich können, wie kann ich etwas ausprobieren? Es ist keine Belehrung des Kindes erforderlich, sondern eine Handlungssituation, in der Kinder durch ihr Arbeiten – sei es in der Küche oder beim Gespräch mit dem Gemüsehändler – eine Beteiligung erleben, die ihrem Tun Verantwortung gibt und sie herausfordert, sich Wissen und Können anzueignen.

Handlungsfähig werden

Ein wichtiges Ziel pädagogischer Arbeit ist die Stärkung der Handlungsfähigkeit der Kinder auch in unübersichtlicher Situation. Dazu kann ein Konzept helfen, das sich „Empowerment" nennt (vgl. Stark 1989) und beschreibt, wie Menschen in schwierigen Situationen, in Konflikten, angesichts eigener Ohnmacht nicht den Mut verlieren und ihre eigene Handlungsfähigkeit (wieder-)gewinnen, um ihre Lage zu verbessern.

Für das englische Wort Empowerment gibt es keine angemessene deutsche Entsprechung. Die wörtliche Übersetzung „Ermächtigung" ist angesichts unserer deutschen Geschichte keine sinnvolle Übertragung. Empowerment meint einen Prozess sozialen Lernens, der darauf zielt, dass Menschen fähiger werden, ihr Leben selbst zu bestimmen. Für pädagogisches Handeln ergibt sich daraus, Menschen darin zu unterstützen, sich auch in schwierigen Lebenslagen kompetent verhalten zu können, ihr Leben selber in die Hand zu nehmen. Das ist für Erwachsene und Kinder in gleicher Weise wichtig.

Ein solcher Prozess hat drei Dimensionen. Er ist bestimmt durch das Zusammenspiel von drei Kompetenzen, die eine hohe Übereinstimmung mit den drei Qualifikationsbereichen des Situationsansatzes aufweist:
1. Aufbau eines aktiven Gefühls des In-der-Welt-Seins – Stärkung der Person (Autonomie).
2. Entwicklung von Fähigkeiten und Strategien, um aktiv und gezielt individuelle und gemeinschaftliche Ziele zu erreichen (Solidarität).
3. Erwerb von Wissen über die eigene Welt – Aufklärung sozialer Kontexte – und Erweiterung von Fähigkeiten und Fertigkeiten (Sachkompetenz).

Dieses Empowerment-Konzept interessierte die Erzieherinnen bei ihrer Entwicklungsarbeit im Projekt Kindersituationen auch, um sich über ihre eigene Situation klar zu werden.

Die Erfahrung von klein auf, ich habe Einfluss auf das Leben einer Gemeinschaft, kann mir niemand mehr nehmen

Entscheiden

Erzieherinnen lassen sich ermutigen, ihre Lebensverhältnisse (wieder) stärker zu bestimmen

Angesichts von Stellenkürzungen, Schließung von Einrichtungen, Umsetzung der Erzieherinnen, der neuen Macht des Geldes usw. machte sich Resignation breit. Häufig wurde darüber geklagt, dass man ja doch nichts ändern könne. Erzieherinnen äußerten ihre Gefühlslage so: Wesentliche Teile meines persönlichen und sozialen Lebens sind meiner Kontrolle entzogen. Ich bin ohne Einfluss auf die Umstände, die mich bestimmen. Beim Gespräch über dieses Gefühl der Ohnmacht wurden drei Gründe gefunden:

• frühere und wiederholte Erfahrungen, bei Entscheidungen nicht gefragt zu werden,
• Rückschläge in der täglichen Arbeit, ohne mit anderen darüber reden zu können,
• die angelernte Haltung: Ich kann doch nichts bewegen und verändern, ich bin nur ein „kleines Rädchen im Getriebe".

In der Fortbildungsgruppe „Demokratisches Leben gestalten" ereigneten sich Empowerment-Lernprozesse also zunächst bei den Erzieherinnen selbst. Sie bekamen Mut, sich nicht alles gefallen zu lassen, und wollten die Bedingungen in ihrer Kita mitbestimmen. Das betraf zum Beispiel die Entscheidung einer Erzieherin, sich die Arbeitsbedingungen nicht einfach vom Träger oder von Eltern diktieren zu lassen. Sie kündigte und wagte den Schritt, eine Kita eines Elternvereins als Leiterin zu übernehmen.

Aus der Reflexion eigener Erfahrung bestätigte sich für die Erzieherinnen, dass es darauf ankommt, Kindern von klein auf Chancen zum Handeln zu eröffnen. Dies geht besser, wenn man sich Tatsachen stellt, statt sie nicht wahrhaben zu wollen. Kinder nicht vom realen Leben abzuschotten, sondern ihnen Lernen in demselben zu ermöglichen, ist dann sowohl Voraussetzung wie Konsequenz.

Beteiligung der Eltern

„Die demokratische Erziehung setzt die Beteiligung von Eltern und sonstigen Erziehungsberechtigten, Erziehern und Erzieherinnen an allen wesentlichen Entscheidungen der Tagesstätten voraus und verlangt das demokratische Zusammenwirken aller Beteiligten" (§ 4, Abs. 2).
So formuliert das Brandenburger Kita-Gesetz die erstrebenswerte Kooperation zwischen Kita und Eltern. Mütter und Väter brauchen die Erfahrung, willkommen zu sein und in ihrer Rolle respektiert zu werden. Und vor allem muss es für sie wirklich etwas zu entscheiden geben. Wesentliche Entscheidungen können zum Beispiel sein: die Gestaltung der Eingewöhnungszeit, der Abhol- und Bringesituationen, Festlegung von Öffnungszeiten, Absprachen über Verhaltensregeln, ein Gruppenwechsel des Kindes oder der Übergang zur Schule.

Die Erfahrung zeigt, dass aber auch Erzieherinnen ermutigt werden müssen, in der Auseinandersetzung mit Elterninteressen ihre Sichtweise und ihre pädagogische Fachkompetenz selbstbewusst zu vertreten. Leider reagieren Erzieherinnen immer noch eher defensiv, wenn es darum geht, Eltern als Partner ernst zu nehmen. Zu leicht fühlen sie sich angegriffen und nicht anerkannt. Sie trauen sich selbst weniger zu als andere ihnen und verteidigen sich an Stellen, wo eine einfache Antwort völlig ausreichend wäre. Hier gilt es, Zielperspektiven für einen achtungsvollen Umgang sowohl mit anderen als auch mit sich selbst zu entwickeln.

Elternbeteiligung als Qualitätsmerkmal

- Wann wird Elternarbeit nicht als lästige Zusatzaufgabe empfunden, sondern als Bereicherung und als Gewinn?
- Wie kann sich das als Qualitätskriterium der Arbeit etablieren?
- Welche Weisheit braucht man (und woher bekommt man sie), damit Eltern keine Engel zu sein brauchen, um ihnen Einblick in die Angelegenheiten der Kita zu gewähren und sie tatsächlich mitentscheiden zu lassen?
- Was hilft, mit *den* Eltern zufrieden zu sein, die Interesse zeigen und nicht immer nach jenen zu schielen, die offensichtlich auch ohne große Beteiligung in der Kita glücklich werden?

Entscheiden

Was Kinder brauchen, um ihre Rechte wahrzunehmen

Pädagogisches Ziel: eine Partizipations-Kultur in der Kita

Im ersten Kapitel wurde auf die Bedeutung des internationalen Übereinkommens über die Rechte des Kindes hingewiesen (vgl. S. 20). Die Kinderrechtskonvention der Vereinten Nationen ist eine wichtige Unterstützung für alle, die Kindern mehr Rechte zugestehen wollen, und sollte daher in jeder Kita bekannt sein.

Dass Kinder ein Recht auf Gesundheit, Essen, Spiel, Kleidung usw. haben, ist wohl allgemein anerkannt. Dass sie aber auch ein Recht darauf haben, als Subjekte ihrer eigenen Entwicklung behandelt zu werden und nicht unbeschädigt nach Plan erzogen werden können, muss immer wieder in Erinnerung gerufen werden.

Der erste Kinderbericht der Bundesregierung (vgl. 10. Jugendbericht, 1998) zur Lage von Kindern in Deutschland und den Leistungen der Jugendhilfe legt großen Wert auf die Partizipation von Kindern. Sie soll an den Bedürfnissen, Wünschen, Hoffnungen und Ängsten der Kinder ansetzen und auf die Entwicklung von Fantasie und Utopien wie auf die Gestaltbarkeit von Lebensräumen zielen.

In den Büchern der Praxisreihe zum Situationsansatz finden sich viele Beispiele einer „Partizipations-Kultur". Sie zu erreichen, ist eine Vision aller Bemühungen um eine „Demokratisierung" der Kita.

Was Kinder brauchen, um ihre Rechte wahrzunehmen

Welche Erfahrungen sind wichtig?

- Meine Meinung zählt.

Zum Beispiel: Bei der Planung des Nachmittags werden alle Meinungen und Vorschläge gesammelt und besprochen. Minderheiten stehen nicht unter dem Diktat der Mehrheit, sondern werden toleriert und können auch zur Wirkung kommen.

- Die Meinung anderer ist zu akzeptieren.

Zum Beispiel: Durch gemeinsame Gesprächsrunden entwickelt sich die Fähigkeit, auf andere Kinder zu hören, ihre Meinung zur Kenntnis zu nehmen, sich zu entschuldigen, wenn man mal wieder alle anderen überrumpelt hat; auch die stilleren Kinder zu ihrem Recht kommen zu lassen. Ein vertrauensvolles Klima ist dabei eine unerlässliche Voraussetzung.

- Ich kann die Tagesgestaltung beeinflussen.

Zum Beispiel: Nur Kinder, die müde sind, gehen mittags schlafen, andere können sich still beschäftigen. Kinder haben auch das Recht, einmal ganz für sich zu sein und sich an nichts zu beteiligen.

Was kann die Erzieherin dazu beitragen?

Gebraucht zu werden, das ist auch für Erwachsene ein grundlegendes Gefühl. Vielleicht fällt es deshalb Erzieherinnen manchmal so schwer, zum richtigen Zeitpunkt Verantwortung an das Kind abzugeben, dem Kind etwas zuzutrauen, ihm etwas zuzumuten. Verantwortung abgeben heißt immer auch, etwas weniger Kontrolle zu haben. Da Kinder alles erst üben müssen, ist es nötig, ihnen genügend Freiraum zu geben für das Erproben eigener Meinung, eigener Entscheidung. Sie müssen Ängste und Scheu überwinden dürfen oder sie manchmal auch überwiegen lassen. Sie brauchen die Gewissheit sowohl ganz groß als auch ganz klein sein zu dürfen.

Damit Kinder ihre Rechte wahrnehmen können, bedarf es der kritischen Reflexion des eigenen Verhaltens als Erzieherin. Wie komme ich damit klar, dass nicht mehr alles so genau und langfristig planbar ist? Wenn Kinder mitreden, ist öfter mal mit Änderungen zu rechnen. Will ich das wirklich? Was hilft mir, dabei nicht ungeduldig zu werden?

Wie kommen Erzieherinnen damit klar, dass nicht mehr alles so genau planbar ist?

In Artikel 6 der Konvention zu den Rechten des Kindes erkennen die Vertragsstaaten an, „dass jedes Kind ein angeborenes Recht auf Leben hat".

Schon 50 Jahre zuvor hatte der polnische Kinderarzt Janusz Korczak Grundsätze formuliert, die die Subjektposition des Kindes eindrücklich beschreiben:

- Du hast ein Recht, genauso geachtet zu werden wie ein Erwachsener.
- Du hast das Recht, so zu sein, wie du bist. Du musst dich nicht verstellen und so sein wie es die Erwachsenen wollen.
- Du hast ein Recht auf den heutigen Tag, jeder Tag deines Lebens gehört dir, keinem sonst.
- Du, Kind, wirst nicht erst Mensch, du bist Mensch.

Korczak ging 1942 freiwillig mit den 200 jüdischen Kindern seines Waisenhauses aus dem Ghetto in Warschau in die Gaskammern des KZ Treblinka, wo alle ermordet wurden.

Entscheiden

Wieso das alles auch den Träger angeht

Welche Qualifikation erwarten Sie von Ihrem Träger, damit er das Prädikat „demokratiefreundlich" erhält?

Dass ein demokratischer Staat kein herrschaftsfreier Raum ist, ist selbstverständlich. Im Unterschied zu anderen Staatsformen haben Betroffene im Grundsatz einen Anspruch darauf zu verstehen, warum etwas so und nicht anders entschieden wurde. Das gilt auch für das Verhältnis zum Träger einer Einrichtung. Er hat durch das Kita-Gesetz des Landes bestimmte Entscheidungsvollmachten: über Personalangelegenheiten, den Haushalt, über bauliche Veränderungen oder Grundzüge der Konzeption.

Daran sind Verpflichtungen geknüpft: Als Arbeitgeber hat er eine Fürsorgepflicht gegenüber seinen Angestellten. Er muss sicherstellen, dass die Arbeitnehmerinnen ihre Rechte wahrnehmen können. Den Erzieherinnen muss es möglich sein, Fortbildung und Beratung in Anspruch zu nehmen, um den sich ändernden Anforderungen qualifiziert begegnen zu können. Die Pflicht zur wirtschaftlichen Haushaltsführung muss in Einklang gebracht werden mit den pädagogisch-konzeptionellen Notwendigkeiten. Die baulichen Voraussetzungen müssen Sicherheitsstandards gewährleisten, dürfen konzeptionelle Grundsätze jedoch nicht behindern. Die Vollmacht, das Konzept der Kita zu bestimmen, schließt die Verpflichtung ein, dies an fachlich begründeten Qualitätsmerkmalen zu orientieren.

Welche Erfahrungen haben Sie im Umgang mit Ihrem Träger?
- Müssen Sie als Arbeitnehmerin immer erst die Personalvertretung oder die Gewerkschaft bemühen oder werden Mitbestimmungsrechte gewahrt?
- Werden Mitwirkungsrechte der Eltern beachtet oder handeln sich engagierte Vertreter Missfallen ein, wenn sie auf ihr Recht pochen?
- Haben Sie schon mal überprüft, ob Missstände tatsächlich auf bösem Willen beruhen oder könnte es sein, dass es sich um Unkenntnis handelt? Wie könnten Sie das herausfinden?
- Fühlten Sie sich schon mal überfordert, als der Träger Sie tatsächlich in wesentliche Entscheidungen einbezogen hat? Woran haben Sie das erkannt? Wie gingen Sie damit um?
- Welche Qualifikationen würden Sie von sich und von Ihrem Träger erwarten, um einen demokratischen Umgangsstil zu realisieren?

Wahrscheinlich wird ein Träger, der seine Verantwortung wahrnehmen will, in selbstbewussten Erzieherinnen gute Partnerinnen finden. Und wenn er das noch nicht erkannt hat, könnten Sie ihn davon überzeugen.

Einmischen auch außerhalb der Kita

Lobby schaffen ist nicht undemokratisch! Wie häufig tagt eigentlich der für Ihre Kita zuständige Jugendhilfeausschuss? Er hat die Aufgabe der Jugendhilfeplanung. Dabei wird „unter Berücksichtigung der Wünsche, Bedürfnisse und Interessen junger Menschen ... für einen mittelfristigen Zeitraum" (KJHG § 80) der Bedarf an Einrichtungen für Kinder festgestellt. Mit Bedarf ist dabei nicht nur die Zahl der Plätze, sondern auch deren Qualität gemeint.

Bei so weit reichenden Kompetenzen empfiehlt es sich, Kontakte zu halten, denn Sie sind Vertreterinnen der Interessen von Kindern. Sie können sich vornehmen, den Ausschuss zu einer seiner turnusmäßigen Sitzungen in Ihre Kita einzuladen. Wer es nicht probiert, weiß nicht, ob und wie es geht. Im Modellprojekt Kindersituationen wurden gute Erfahrungen damit gemacht, sich sachkompetent in die Politik vor Ort einzumischen. Das heißt, sich sachkundig zu machen, die Interessen der Kinder vertreten zu lernen – auch wenn es bedeutet, vor einer großen Gruppe Menschen oder auch mal öffentlich zu sprechen. Ein Rollenspiel zur Vorbereitung hilft Ängste abzubauen und selbstbewusster aufzutreten. Es heißt auch, Strategien zu entwickeln, mit den zuständigen Mitgliedern von Verantwortungsgremien ins Gespräch zu kommen und Unterstützung außerhalb der Kita zu suchen.

Ein breites Repertoire an Verhaltensfähigkeiten kann man hier gewinnen, wenn man sich darauf einlässt und kompetente Unterstützung sucht. Gibt es eine Mutter, die Sängerin oder Rundfunksprecherin ist oder sonstwie gut mit ihrer Stimme umgehen kann? Gibt es einen Vater, der Werbegrafiker ist und weiß, wie man ein richtiges Argument auch noch eingängig formuliert? Nutzen Sie die Gelegenheit, sich für Kinder stark und sich selbst kompetent zu machen!

Gemeinsam ist man stärker: Wo sehen Sie Bündnispartner für Kinder?

Entscheiden

Das Erzieherteam als „Gerechte Gemeinschaft"

Kann ich den Anforderungen an einen demokratischen Lebensstil in meiner Kita entsprechen? So fragen Sie sich vielleicht inzwischen beim Lesen dieses Buches. Wir haben versucht zu zeigen, dass Demokratie keinen Zustand beschreibt, der – einmal erreicht – nicht wieder verloren geht. Es geht um einen Prozess, und das bedeutet auch, dass Sie nicht perfekt sein müssen. Auch auf der Basis eines demokratischen Konsenses bleibt die Gestaltung des Tages in der Kita, das Zusammenleben mit den Kindern und Kolleginnen, die Kooperation mit Eltern und Träger ein Auf und ein Ab.

Ein interessantes Modell für die Förderung demokratischer Lebensformen entwickelte in den 70-er Jahren Lawrence Kohlberg (1927 – 87). Für ihn bestand zwischen der Demokratisierung des (schulischen) Alltags und der ethisch-moralischen Urteilsfähigkeit von Schülern ein Zusammen-

Es geht um einen Prozess. Niemand muss perfekt sein

STREITKULTUR?!

ALSO: STREITEN KLAPPT EIGENTLICH SCHON GANZ GUT...

NUR MIT DER KULTUR HAPERTS NOCH!

Das Erzieherteam als „Gerechte Gemeinschaft"

hang. Deswegen nannte er sein Schulentwicklungsmodell „Just Community" (Gerechte Gemeinschaft). Auch wenn das Modell für schulisches Lernen entworfen wurde, so ist es auch hilfreich für das Zusammenleben in einer Tageseinrichtung für Kinder, besonders für das Zusammenarbeiten im Team und im Hort.

Wie ist das zu verstehen, wenn sich ein Team auf diese Vision einer Gerechten Gemeinschaft verständigt? Mit Just Community verbindet sich die Hoffnung, das soziale Klima und soziale Engagement aller Beteiligten zu stärken und das Zusammenleben daher gerechter zu machen. Dafür sind Formen zu entwickeln, die die soziale Urteilsfähigkeit fördern. Das kann sich zeigen in einem Umgangsstil, der möglichst alle Beteiligten (wenn auch nicht immer gleichzeitig) zu ihrem Recht kommen lässt. Dafür werden demokratische Beteiligungs- und Beratungsformen verabredet. Das bewährt sich besonders in schwierigen Situationen, die sonst durch Gewalt, ein „Machtwort", Hierarchie oder psychischen Druck gelöst werden.

Die Entwicklung einer Gerechten Gemeinschaft ist deshalb so verlockend, weil:
- Verfahren und Formen einer demokratischen Verständigungs- und Streitkultur entwickelt und gefördert werden,
- dem Einzelnen geholfen wird, seine individuellen Ansprüche und Interessen mit konkurrierenden in

> **Prüffragen zum Umgangsstil im Team**
>
> Von Bedeutung ist die Zusammenarbeit der Kolleginnen untereinander. Einige Prüffragen können helfen, sie zu erkunden und ggf. zu verbessern:
> - Kommen die Stärken und Vorlieben einzelner Erzieherinnen zur Geltung?
> - Dürfen Unterschiede in der Arbeitsweise sichtbar werden?
> - Wie sind die Erfahrungen gemeinsamer Planung?
> - Wird die Arbeit gemeinsam reflektiert und helfen sich Kolleginnen bei der Dokumentation?
> - Gibt es für die Kooperation feste Strukturen und Arbeitszeiten?
> - Welche Kritik-Kultur gibt es? Wird hintenherum geredet oder gibt es direkte, aber taktvolle Rückmeldungen?

Beziehung zu setzen und begründet zu entscheiden, was Vorrang haben soll,
- Regeln entwickelt werden können, die für alle gleichermaßen verträglich und akzeptabel sind,
- sich die Bereitschaft erhält, eigene Rechte im Kompromiss auch zurückzustellen,
- die Urteils- und Handlungskompetenz befördert wird, soziale Wahrnehmungsfähigkeit gestärkt und sozialverträgliche Konfliktlösungen und Verantwortungsübernahme eingeübt werden.

Wenn Sie sich in Ihrem Team als eine solche Gemeinschaft verstehen wollen, sind damit Ziele benannt, für die Sie sich entscheiden können. Zugleich ist damit auch eine Vision für das Zusammenleben in der Kita insgesamt beschrieben.

Pädagogisches Ziel: eine Kritik-Kultur unter Erzieherinnen

47

Entscheiden

Mit Widersprüchen leben lernen

Demokratischer Lebensstil ist nicht allein eine Frage gelingender sozialer Interaktionen. Wie sich bei der Idee der Gerechten Gemeinschaft zeigte, geht es zugleich auch um Normen und um Werteorientierung.
Im Kapitel „Erkunden" wurde aufgezeigt, dass Demokratie den Grundwerten Gerechtigkeit, Freiheit und Solidarität verpflichtet ist. Ein Blick in die Geschichte zeigt, dass sie auch auf dem Hintergrund einer langen, durch das Christentum beeinflussten Geschichte Europas zu zentralen Inhalten geworden sind.
Ein demokratischer Lebensstil in der Kita bezieht sich auf diese Grundlagen. Und heute wird das Merkmal „Gerechtigkeit" zu einem wichtigen Qualitätsmerkmal von Kindertagesstätten, die sich wirklich auf die Lebenssituation von Kindern einstellen wollen.

Das heißt zum Beispiel: Kinder, die aus sozial benachteiligten Familien kommen, haben die Chance, sich als gleichberechtigte Mitglieder der Gerechten Gemeinschaft zu erleben. Sie treffen in der Kita auf einen Umgangsstil, der gerade für sie besonders stabilisierend und stützend sein kann.

Eines ist dabei zu vermeiden: Das Ziel, die Vision, darf nicht mit dem vorgefundenen Alltag verwechselt werden. Gerechtigkeit, Freiheit und Solidarität haben immer etwas von einer Utopie an sich. Das macht sie deswegen nicht schlechter.
Oder anders: Es bleibt dabei, dass wir in Widersprüchen leben, dass unser bestes Bemühen scheitern kann und dass oft nur fragmentarisch sichtbar wird, was wir wollen.

Gerechtigkeit als ein Qualitätsmerkmal in Kitas

Mit Widersprüchen leben lernen

Kinder nehmen daran keinen Schaden. Im Gegenteil. Sie merken sowieso schon in jungen Jahren, wie widersprüchlich oft das Reden der Erwachsenen und ihr Tun sind. Sie machen sich ihren eigenen Reim darauf. Ihre Hilfe als Erzieherin wäre dabei, mit Kindern über solche Erfahrungen zu sprechen, sie erkennen zu lassen, dass wir im Suchen sind, uns aber bemühen, unserem Wollen zu entsprechen. Mit Interessengegensätzen umgehen zu lernen ist ein Kennzeichen demokratischer Lebensweise.

Utopien sind dann pädagogisch kontraproduktiv, wenn aus ihnen ein lineares Geschichtsverständnis abgeleitet wird. Was meint das? Wer davon ausgeht, dass sich die Geschichte der Menschen kontinuierlich zum Besseren hin entwickelt, wird Utopien als Vorgriff auf eine Zeit verstehen, die über kurz oder lang auf jeden Fall eintreten wird. Manche wollen dann der Verwirklichung der Utopie nachhelfen und alle Widersprüche (mit Gewalt?) aufheben, bzw. die als hinderlich verstandenen Widersprüche beseitigen. Manchmal ist gerade pädagogisches Handeln nicht davor gefeit, der Vision zum beschleunigten Durchbruch verhelfen zu wollen.

Auch wenn in diesem Buch von einer demokratischen Lebensform im Alltag die Rede ist, und Sie in Ihrer Kita diesem Ziel ein Stückchen näher kommen wollen, sind Sie gut beraten, sich auf die Widersprüchlichkeiten des Lebens einzustellen. Und vor allem: Sie als Erzieherin haben nicht die Aufgabe, Kinder nach Ihrem (noch so guten) Bilde zu formen. Auch hier gilt: Wir können und sollen Kindern lediglich ein Zusammenleben anbieten, bei dem sie mit uns „auf den Geschmack kommen". Nicht mehr, aber auch nicht weniger.

Widersprüche aushalten heisst nicht, sich damit abfinden

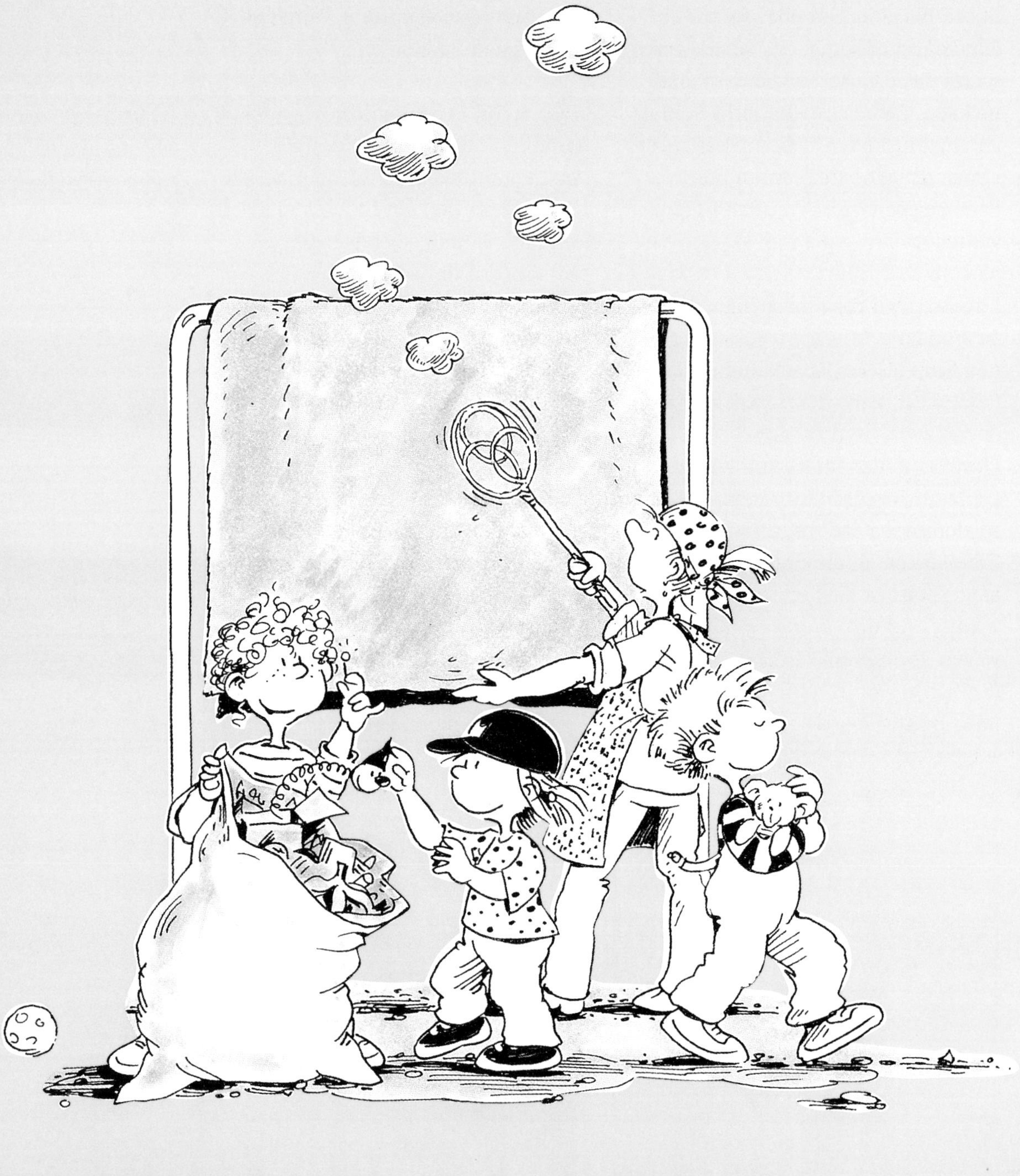

3. Handeln – Situationen gestalten

Was hat der jährliche Geburtstag, die Wahl der Freundin oder das kaputte Stickerheft mit Demokratie zu tun? Kinderkonferenzen, das versteht sich schon eher. Doch Formen von Mitwirkung sind erst dann wirklich ein Zeichen für einen demokratischen Umgangsstil, wenn bestimmte Inhalte gelebt werden: Entfaltung individueller Freiheiten und Förderung persönlicher Stärken, gegen den Strom schwimmen und eigene Ideen aushecken gehören dazu. Den eigenen Sinn als Voraussetzung für den Gemeinsinn entwickeln können, das ist Aufgabe von Pädagogik.
Deswegen beginnen die Praxisbeispiele aus den Modellkitas mit Beispielen, wie Kindern in vielen alltäglichen Situationen vermittelt werden kann: Du bist hier erwünscht, du bist wichtig, auf dich kommt es an. Deswegen kommt eine Erzieherin so ausführlich zu Wort, um Ausschnitte aus ihrer Berufsbiografie zu berichten, die zeigen, dass sich nicht nur im Parlament, sondern manchmal am Tisch der Leiterin zeigt, wie schwierig es sein kann, sich und seinen Überzeugungen treu zu bleiben.

Und weil in der Kita kein Kind allein ist, sondern es sich zwangsläufig mit anderen arrangieren, mal zurückstecken und sich ein anderes Mal durchsetzen lernt, kann sich dort auch der soziale Sinn entwickeln.

Erzieherinnen, die nach dem Situationsansatz arbeiten, schätzen und nutzen diesen Lerngehalt des Alltags in der Kindertagesstätte. Dort, wo Sinnhaftigkeit, Erfahrungsnähe und Reflexion zusammenkommen, ist die Chance für soziales Lernen gegeben. Die Einblicke in den Kita-Alltag auf den folgenden Seiten rücken Situationen ins Blickfeld, die in der Praxis in Hülle und Fülle darauf warten, mit ihren Chancen für demokratisches Lernen genutzt zu werden.

Handeln

„Schön, dass es dich gibt!"

Geburtstag hat man bekanntlich nur einmal im Jahr. Er wird von den Kindern sehnsüchtig erwartet. Schließlich ist man an diesem Tag die Hauptperson, wird verwöhnt und geehrt. Die anderen können einem sagen, wie wichtig man ist und dass ein ganz lieber Mensch fehlen würde auf dieser Welt, gäbe es einen nicht. Eine wichtige Voraussetzung, um ein „aktives Gefühl des In-der-Welt-Seins" aufbauen zu können (vgl. S. 39).

Es fällt leichter, andere Menschen zu achten, wenn man selbst respektiert wird: Eine gute Gelegenheit, Kindern diese Wertschätzung zu zeigen, ist ihr Geburtstag. Sie machen dem Kind eine Freude – und legen gleichzeitig einen Grundstein für die Entwicklung selbstbewusster demokratischer Haltung.

Seit kurzem gibt es in manchen Kitas einen Geburtstagsstuhl. Kinder entwerfen Modelle auf dem Papier und bauen Prototypen aus Steckbauelementen. Aus Wettbewerben werden Sieger gekürt, deren Entwürfe anschließend „in echt" hergestellt werden. Manchmal bildet ein billiger Kaufhausstuhl die Basis, manchmal einer der vielen aus der Kita. In jedem Fall wird er künstlerisch verändert: zu einem Thron mit verlängerten Beinen und einer Riesen-Rückenlehne mit Strahlen aus Pappmachée; bunt bemalt wie ein Pfau; vornehm oder verrückt; mit Stoffen verkleidet …

„Das Beste am Geburtstag ist der Geburtstagsstuhl, da fühlt man sich wie auf einem Berg und kann auf alle runterschauen!" Derart erhabene Gefühle sprechen aus den Kommentaren der Kinder. Ganz nebenbei verringern sich die lästigen Probleme mit überbordenden Geschenken und nicht enden wollenden Süßigkeitsorgien: Bedeutsamkeit wird anders zum Ausdruck gebracht.

"Schön, dass es dich gibt!"

"Endlich wieder ein toller Geburtstag"

"Immer nur Spiele machen ist doch Babykram." Die älteren Kinder der Kita „Jumbo" in Pritzwalk finden die Geburtstage langweilig und behandeln sie wie lästige Pflichtübungen. Nur die jüngeren freuen sich noch darauf, weil man da „immer was gewinnen kann". Die Eltern wundern sich, warum sich die Erzieherinnen über Geburtstagsfeiern so viel Gedanken machen, „es ist doch immer so schön und das Geburtstagskind geht morgens aufgeregt und erwartungsvoll in die Kita".
In der Kinderversammlung wird beratschlagt, was verbessert werden könnte. „Ich wünsche mir eine Lumpendisko." (Anna, fünf Jahre) „Und ich eine Fahrradtour." (Nico, sechs Jahre) „Ich möchte eine Wanderung mit einem Picknick machen." (Jan, vier Jahre)
Auf einer Elternversammlung verständigen sich die Erwachsenen darauf, die Kinder stärker in die Vorbereitung einzubeziehen und – nach Möglichkeit – ihre unterschiedlichen Wünsche zu verwirklichen. Annas Lumpendisko war ein voller Erfolg. Ihre Eltern schmückten den Sportraum und bedienten an der „Bar". Die Gäste kamen angemessen verkleidet und mitgemacht haben nur die, die wirklich Lust hatten.
Die Radtour führt an einem „Traumzauberbaum" vorbei, geschmückt mit Kreppbändchen, Luftballons und Süßem zum Schnabulieren. Nicos Mutter hatte die Idee, die für zukünftige Geburtstagsausflüge unbedingt übernommen werden muss.

In der Kita „Bummi" in Kühlungsborn fand Ähnliches statt: „Ich will nicht dreimal hochleben, das ist blöd!" Tom übernimmt die Regie für seinen Geburtstag zur vollen Zufriedenheit seiner Gäste, und ihm gefällt es auch besser als sonst. Für Maja dagegen wird der Tisch nach wie vor gedeckt: „Die macht das nicht so gerne selbst", wissen die Kinder.

Erzieherinnen stellen fest, das Eingehen auf individuelle Wünsche und die Beteiligung der Kinder und Eltern bei der Vorbereitung und Gestaltung der Geburtstage lässt die Begeisterung wieder in die Höhe schnellen. Gleichzeitig reduziert sich der Stress, weil sich alle angesprochen fühlen und mithelfen. Stressärmer und achtungsvoller: Wenn das keine gute Kombination für einen demokratischen Stil ist!

> „Wie schön, dass du geboren bist, wir hätten dich sonst sehr vermisst. Wie schön, dass wir beisammen sind, wir gratulieren dem Geburtstagskind."
>
> Rolf Zuckowski

Stressärmer und achtungsvoller, wenn das keine gute Kombination eines demokratischen Lebensstils ist

Handeln

„Bist du meine Freundin?"

Individuum und Gruppe: ein gefühlsbetontes und zentrales Thema des Zusammenlebens – nicht nur in der Kita

Jenny (fünf Jahre) und Katrin (sechs Jahre) spielen mit Puppen. Katrin bestimmt während des gesamten Spiels. Ihrer Freundin Jenny gefällt das immer weniger. Sie dreht sich weg und will gehen. Katrin fragt: „Warum drehst du dich weg?" „Ich mag es nicht, wenn du alles bestimmst." Katrin: „Ich bin ja auch älter, 35 Jahre." Jenny: „Da wird man ja schon altersschwach." – Jetzt muss Katrin alleine weiterspielen.

Kurze Zeit später: Beide wollen Quark essen, aber es ist nur ein Löffel auf dem Tisch. Katrin: „Den kann Jenny nehmen, ich hol mir noch einen aus der Küche." Darauf Jenny: „Gut, und ich deck schon mal den Tisch."

Eike, Max und Robin haben Turtels bekommen. Niemand darf sie anfassen. Tina kommentiert: „Jungs sind dumm und Turtels sind dumm." „Puppen sind viel besser", pflichtet Franziska bei.

Florian erhält kein Spielzeug von Jurek. „Ich bin nicht mehr dein Freund", bekommt er zu hören, „ich bin jetzt Renés Freund." Mittags wagt er eine Annäherung: „Bist du wieder mein Freund?" Jurek und René würdigen ihn keines Blickes und setzen sich nebeneinander an den Tisch.

Die gesamte Gefühlspalette hält ein Tag in der Kita für Kinder bereit: Rivalitäten und Versöhnung, Mutproben und Frustration, aber auch Stolz und Glücklichsein.

Wie erwirbt ein Kind den Platz in der Gruppe, mit dem es zufrieden ist? Wie geht es mit Enttäuschungen um? Wie kann besorgten Eltern begegnet werden, die den Eindruck haben, ihr Mädchen kommt zu kurz oder ihr kleiner Junge wird von dominanten Kindern unterdrückt?

Das sind wichtige Fragen, wenn es um das Verhältnis von Individuum und Gruppe geht – dem zentralen Thema eines demokratischen Miteinanders.

In einer Kita haben die Erzieherinnen den Weg über Kindheitserinnerungen der Eltern gewählt. Ein Elternbrief lädt zu einem Elternabend ein, bei dem den eigenen Erfahrungen mit Positionsgerangel in einer Gruppe und Buhlen um Freundschaften nachgespürt wird.

```
Liebe Eltern,
zur Zeit bewegt die Kinder unserer Gruppe sehr,
wer wessen Freund ist und warum nicht mehr.
Einen Freund, eine Freundin zu finden, braucht
Zeit und darf nicht erzwungen werden. Wenn
Erpressungen nicht honoriert werden, was sind
dann die angemessenen Mittel, um eine
Freundschaft aufzubauen und zu pflegen?
In unserer morgendlichen Klönsnack-Runde spre-
chen wir mit den Kindern über ihre Gefühle, über
Konflikte und über mögliche Lösungen.
Was beobachten Sie? Wie wichtig ist Ihnen dieses
Thema? Darüber wollen wir uns auf dem nächsten
Elternabend mit Ihnen unterhalten. Vielleicht
bringen Sie auch Erinnerungen an Ihre eigene
Kindheit und Kinderfreundschaften mit.

Ihre Martina Müller
```

„Mir gefällt an mir/dir, ..."
„Mir gefällt nicht so sehr ..."

In einem Hort erzählen sich die Kinder in der Mittagspause gegenseitig, wie sie sich selbst einschätzen; wo sie ihre Stärken und Schwächen sehen und wo die der anderen. Grund für diese Runde ist, dass Kinder aus verschiedenen Gruppen in den Hort kommen, die sich nur vom Sehen kennen. Es kursieren vielerlei (Vor-)Urteile über die Einzelnen, Ablehnung wie Vorschusslorbeeren. Um sich näher zu kommen und wirklich kennen zu lernen, schlägt die Erzieherin vor, über sich zu erzählen. Sie beginnt und schildert, was sie an sich mag und womit sie weniger zufrieden ist. „Ich finde, ich kann gut zuhören – aber manchmal bin ich ungeduldiger, als ich eigentlich sein möchte." Wer will, schließt sich an. Es ist für die Kinder offensichtlich nicht schwierig, von ihren schwachen und starken Seiten zu berichten. Und verblüffenderweise stimmen in diesen Runden die Selbst- und Fremdeinschätzungen häufig überein. Die Erfahrung dieses Mittagskreises hilft der Gruppe, sich gegenseitig besser anzunehmen, Kritik solidarischer zu äußern und toleranter zu sein.

> Ein Zwiegespräch zwischendurch:
> Tom: „Die Kinder aus der anderen Gruppe sind gar nicht so doof, wie ich dachte."
> Laura: „Ja, der Felix ist ganz okay, mit dem kann man gut spielen."
> Tom: „Nur der Lars ist ein bisschen lahm."
> Laura: „Das wird noch."

Handeln

„Ich hab so 'ne Wut im Bauch!"

Wann bist du wütend? Was machst du dann? Wann bist du traurig? Wie ist das, wenn du dich freust? ...
Mit diesen Fragen reagiert eine Erzieherin auf ihre Beobachtung, dass viele Kinder ihre Gefühle, vor allem die negativ bewerteten, nicht in Worte fassen können. Sie schneiden Gesichter aus Zeitschriften aus und gestalten Trauer-, Wut-, Angst- und Freude-Collagen, reden über ihre Gefühle. Eine Kollegin gestaltet mit den Kindern ihrer Gruppe Bilderbücher zu einzelnen Gefühlen.
Manche Kinder malen, andere diktieren der Erzieherin ihre Geschichte in die Feder.
Wie sähe Ihr Ärger-Buch aus und wie Ihr Buch über Luftsprünge?

Die Pädagoginnen wollen erreichen, dass die Kinder ihre Gefühle annehmen, sie ausdrücken und die anderer wahrnehmen können. Denn in vielen Gruppensituationen geht es neben dem sachlichen Anteil immer auch um die subjektive Befindlichkeit. Deshalb ist es für viele Einigungsprozesse von Bedeutung, das emotionale Klima wahrzunehmen. Wer das früh gelernt hat, wird es in späteren Situationen selbstverständlicher können.

„Das ist ein Tag zum Kotzen, weil du heute wieder abreist." Christine ist traurig und erleichtert zugleich, weil ihre kleine Freundin so präzise den störenden Sachverhalt identifiziert und nicht vereinfachend vorwirft: „Du bist blöd, weil du schon wieder fährst."

Die Kleinen drücken ihre Emotionen noch ungebremst aus: Sie beben am ganzen Körper, wenn sie vor Wut schreien; sie werfen sich auf den Boden, wenn es nicht nach ihrem Willen geht; sie lachen und glucksen so, dass unwillkürlich die eigenen Lachmuskeln auch anfangen zu zucken. Ihre Fähigkeit, Gefühle zu zeigen, wird Kindern leider oft aberzogen: Das Trotzköpfchen soll sich in der Öffentlichkeit ordentlich benehmen, der Schreihals sich zusammenreißen, die Heulsuse soll nicht so wehleidig sein ... Sie kennen diese und ähnliche Alltagsregeln. Dass dabei Wichtiges verloren geht, sollten wir bedenken: die Stimmigkeit des Gefühlsausdrucks mit dem inneren Erleben. Später müssen sie dann oft mühsam wieder lernen, ihren Gefühlen auf die Spur zu kommen, merken gar nicht, dass sie in einer Gruppensituation plötzlich gekränkt reagieren. Die Kommunikation bricht ab und die Beteiligten wissen nicht warum.
Erwachsene helfen Kindern mehr, wenn sie ihnen zeigen, wie man einfühlsam gegenüber den Ursachen der Gefühle bleiben oder werden kann. Aber nur Erwachsene, die sich selbst kennen, die gewohnt sind, auf ihre Gefühle zu achten, können Kinder dabei gut beraten. Starke Männer, die – wie Indianer – keinen Schmerz kennen, oder Frauen, die nur ablenken, statt wirklich zu trösten, geben falsche Leitbilder.

Demokratie mit Krippenkindern?

In einem Kinderladen, dessen Entstehungsgeschichte mit der Geschichte der Erzieherin auf den Seiten 67 ff. zusammenhängt, gilt der demokratische Stil schon für die Allerkleinsten. Die Leiterin ärgert sich jedes Mal über den Einwand „dafür sind die doch noch viel zu klein". Es gibt keine Altersgrenze für einen respektvollen Umgang miteinander, betont sie. In der „Krötenwiese" (so heißt diese Einrichtung) bestimmen vier Grundregeln das Miteinander von Kindern (aller Altersstufen!), Eltern und Erzieherinnen:

1. Jeder hat das gleiche Recht, Ideen einzubringen.
2. Jeder hat das Recht, dass ihm zugehört und dass er ernst genommen wird.
3. Jeder kann zum Ausdruck bringen, wenn er sich unbehaglich oder gestört fühlt.
4. Jeder hat das Recht, seine Sorgen zu zeigen.

Na klar, die Kleinsten können sich (von den insgesamt 70 Kindern sind 12 unter drei Jahren) noch nicht vorrangig verbal zur Geltung bringen. Sie haben andere Mittel, ihr Anliegen „zur Sprache" zu bringen, die man verstehen kann, wenn man will und auch ihnen ein Selbstbestimmungsrecht zugesteht und zutraut.

Der Knackpunkt für Selbstbestimmung ist bei den Kleinen die Befriedigung ihrer Triebbedürfnisse. Hier spielen sich leider auch die schlimmsten Unterdrückungsszenarien ab. Unter dem Deckmantel der Sauberkeitserziehung werden Kinder von klein auf zur Anpassung erzogen. Nicht überall ist es – wie in der „Krötenwiese" – selbstverständlich, dass die Kinder selbst entscheiden, ob und wann sie auf dem Topf sitzen oder nicht. Der Stolz über die „Wurst", die freiwillig hergegeben wird – eine aus psychoanalytischer Sicht wesentliche Leistung des kleinen Kindes auf seinem Weg der Autonomieentwicklung –, wird leider nicht überall entsprechend gewürdigt. Auch beim Essen sollen schon die ganz Kleinen wählen dürfen, was und wie viel sie essen. Das berühmte Wohl der Kinder darf nicht gegen ihren Willen durchgesetzt werden.

Andere nicht zu ihrem Glück zwingen, auch nicht beim Füttern oder Wickeln

57

Handeln

„Verabredet ist verabredet!"

Fehler machen und Nein sagen dürfen, sich abstimmen müssen: wichtige Prinzipien in dieser Kita

Fünfzehn Kinder sind in der Katzengruppe der Kita „Wurzel" in Magdeburg. Zwei Jahre sind die Jüngsten, sechs die Ältesten. Für die Erzieherinnen zählen Selbstvertrauen, Selbstwertgefühl, Selbstständigkeit und soziale Verantwortlichkeit zu den wesentlichen Erziehungszielen. Mitbestimmung, Mitplanung, freie Meinungsäußerung, Fehler machen und Nein sagen dürfen, aber auch sich abstimmen müssen sind alltägliche Prinzipien für Erwachsene wie für Kinder.

Vieles wird im Spiel geregelt

Zum Beispiel: Drei Mädchen und ein Junge wollen Familie spielen. Sie sitzen im Bewegungsraum und planen, was sie bauen wollen, welches Material sie brauchen und holen dann Föhn, Bügeleisen, Toaster in die selbst gebaute Bude. Nachdem die Wohnung eingerichtet ist, muss entschieden werden, wer wer ist. Tina will auch mitspielen. Aber weil sie gestern das Stickerheft von Jennifer kaputtgemacht hat, wird sie aus dem Vater-Mutter-Kind-Spiel ausgeschlossen. Erst als sie beteuert, es „nie wieder" zu tun, darf sie doch mitspielen.

Anderes wird in der täglichen „Verabredung" geklärt

Um 10.30 Uhr versammeln sich die Kinder in ihrer Besprechungsecke auf dem Podest unterm Ballontuch. An der Beratung nehmen alle Kinder teil. Die Vier- bis Sechs-

„Verabredet ist verabredet!"

jährigen beteiligen sich am meisten. Die Kleineren hören eher zu und gehen oft früher weg (mit einer der beiden Erzieherinnen), was niemanden stört.

Eine Erzieherin moderiert und sorgt für die Einhaltung der Gesprächsregeln. Zunächst wird gefragt, wer die „Verabredung" eröffnen möchte: Heute will Anja (sechs Jahre) die Runde beginnen. Sie berichtet, was ihr am Vormittag nicht gefallen hat: Sebastian (fünf Jahre) hat sie voller Zorn gehauen. In der Diskussion stellt sich heraus, dass er wütend war, weil jemand sein Bauwerk zerstört hatte. Er dachte, Anja wäre es gewesen, weil sie ganz in der Nähe war. Da er im Unrecht ist, entschuldigt er sich bereitwillig. Leider kann sich kein anderes Kind erinnern, ob es ihm passiert war. Sebastian beendete das Thema: „Vielleicht waren es ja die Kleinen, aber die können ja noch nicht so aufpassen."

Jedes Kind, das allen etwas Wichtiges sagen möchte, kann dies in der „Verabredung" tun. Seien es Probleme oder etwas ganz Tolles. Ausflüge werden geplant, Ideen für die Tagesgestaltung eingebracht und Regeln besprochen.

Manja, die Erzieherin (24 Jahre), bringt ein, dass die neuen Holzeinbauten ganz verdreckt sind. Sie fragt in die Runde, was man tun kann, damit diese nicht noch schmutziger würden:
„Ich fege nachher alles sauber" (Jennifer, fünf Jahre), „Schuhe ausziehen" (Tina, sechs Jahre), „Ich male ein Schild ‚Schuhverbot'" (Sebastian, fünf Jahre), „Vielleicht könnt ihr Stoppersocken mitbringen, damit ihr nicht barfuß lauft und hinfallt" (Sonja, 44 Jahre), „Wir müssen das auch der anderen Gruppe sagen" (Tanja, sechs Jahre). Alle waren mit den Vorschlägen einverstanden. Philipp malt im Anschluss ein Schild mit den Verabredungen und befestigt es am Häuschen. In den darauf folgenden Wochen weisen sich die Kinder untereinander auf die Einhaltung der Regeln hin. Den Kleinsten werden sogar die Schuhe ausgezogen, „weil die das noch nicht allein können".

Und die Großen planen in der Projektbesprechung

Die „Verabredung" ist zu unterscheiden von der Projektbesprechung, an der nur die Vier- bis Sechsjährigen teilnehmen. Dort wird die Fülle der Möglichkeiten gesammelt, die zu einem bestimmten Vorhaben denkbar sind, Aktivitäten werden erörtert, Prioritäten gesetzt und die jeweils nächsten Schritte gemeinsam geplant. Dazu sind die Kleinsten der Gruppe noch nicht imstande, und deshalb ist dieser Kreis allein den Größeren vorbehalten.

Schilder mit Regeln – noch besser mit Verboten –, das malen Kinder gern

Handeln

„Unsere Regeln"

Eine „wilde Horde" ist die neue Hortgruppe. Kloppereien und Fußetreten sind an der Tagesordnung. Zwei Kinder haben das Sagen: ein Mädchenboss und ein Jungenboss. In der Gesprächsrunde will die Erzieherin über das künftige Zusammenleben reden. Die „Bosse" sagen ihre Meinung und alle anderen stimmen zu:

„Ich hatte das Gefühl, dass die Kinder anders dachten, aber sich nicht trauten, ihre Meinung zu sagen. Deshalb schlug ich vor, jeder soll aufschreiben, was wir beachten wollen und was nicht. Die Kinder nannten das ihre ‚Regeln'. Mit Rot wurde gekennzeichnet, was wichtig ist, und mit Grün, was ruhig wegfallen kann. Die Kinder verlangten ebenfalls aufzuschreiben, was geschehen soll, wenn die Regeln nicht beachtet werden: ‚Was nützen uns Regeln, wenn doch jeder macht, was er will. Wir brauchen Strafen, damit jeder die Sache ernst nimmt!' Die Debatte ergab, dass Strafen der Gruppe zugute kommen sollen.

Jedes Kind schrieb auf, welche Regeln wir seiner Meinung nach brauchen, und was es tun will, wenn es dagegen verstößt. Anschließend wurde einzeln vorgelesen und gemeinsam abgestimmt, welche Regel für uns in Zukunft gelten sollte.

Jetzt haben wir elf Regeln und drei Strafen. Zum Beispiel Streit: Jeder der Streithähne schildert den Vorgang aus seiner Sicht. Die Kinder versuchen, sich – mithilfe anderer – zu einigen. Gelingt dies absolut nicht, wird die Erzieherin als Schiedsrichterin geholt. Sie soll weitere Vorschläge unterbreiten. Wird davon kein Gebrauch gemacht, nutzt sie ihre Autorität. – Ich erkläre, dass ich das nur sehr ungern tue, lasse mich aber darauf ein.

Strafen:
- Abwaschen des Gruppengeschirrs,
- Garderobe aufräumen,
- Waschraum putzen.

Die Kinder achten sehr auf die Einhaltung der Regeln. Es gibt natürlich weiter Raufereien, aber sie sind seltener geworden. Das Gruppenleben ist ruhiger und meine Arbeit besteht nicht mehr nur aus dem Schlichten von Streitereien."

Elf Regeln und drei Strafen: Kinder sind manchmal rigoroser als Erwachsene

> Unsere Regeln
> nicht Toben,
> nicht hauen,
> nicht beißen,
> nicht kratzen,
> nicht Kaputmachen.
> Weil das nötig ist. Wenn ich dagegen verstoße dann wasche ich ab.
> Björn

„Unsere Regeln"

„Das ist gemein!"

Sticker sammeln ist sehr beliebt. In einem Hort gibt es Probleme, weil sie regelmäßig aus den Alben gestohlen werden. Die Erzieherinnen registrieren es, halten sich aber zurück. Die „Bestohlenen" bilden eine Gruppe und stellen den „Tätern" Fallen. Diese sind geschickt und lassen sich nicht erwischen. Da beschließen die Kinder, eine „große Meckerecke" einzuberufen. Alle Kinder und Erzieherinnen werden eingeladen. Einige Kinder wollen sich nicht beteiligen und machen sich dadurch „verdächtig". Robin, der Versammlungsleiter, bringt das Problem vor und befragt die „Verdächtigen", ob sie die Sticker entwendet hätten. Diese geben es peinlich berührt zu. Jetzt hagelt es heftige Kommentare aus der Gruppe „Das ist gemein", „Kauft euch doch selber welche", „Lasst euch von euren Eltern welche schenken". Ein Kind sagt: „Die brauchen 'ne Strafe, sonst machen die das immer wieder." Der Versammlungsleiter stellt fest, dass die „Angeklagten" dem Weinen nahe sind, und schlägt vor, sich eine Strafe auszudenken. Er wertet es als positiv, dass sie zugaben, die Sticker gestohlen zu haben. Die Tränen verschwinden langsam. Ein Kind schlägt vor, sie sollen neue Sticker mitbringen. Alle sind einverstanden und wollen die Sache beschließen. Da meldet sich die Erzieherin zu Wort und gibt zu bedenken, woher die betroffenen Kinder die Sticker „besorgen" sollten. „Na, von ihrem Taschengeld." „Und wenn sie nun kein Taschengeld haben?" Nachdenken: „Dann klauen sie wieder, entweder Sticker oder Geld."

Ein Kind kommt auf eine Idee: „Sie haben unsere Sticker doch immer gleich in ihre Alben geklebt. Dann dürfen sie eben ihre Alben eine Woche lang nicht mitbringen." Einem anderen Kind ist eine Woche zu wenig. Man einigt sich auf zwei. Die „Angeklagten" sind mit der Strafe einverstanden und die Versammlung wird beendet.

Ab sofort gab es keinen Stickerklau mehr. Die Erzieherinnen beobachten, wie sich immer öfter Kinder in Grüppchen zurückziehen und miteinander kleine und große Probleme besprechen.

Manche der Kinderversammlungen erinnern an Gerichtsverhandlungen

Kinder sind manchmal rigoroser als Erwachsene. Zu ihrer moralischen Entwicklung gehören Phasen, in denen sie strikt zwischen Gut und Böse trennen. Wie Erzieherinnen reagieren und welche Bedeutung das Aushandeln hat, steht in Kapitel vier.

Handeln

Kindervollversammlung

In einem Hort in Berlin wurde vor drei Jahren ein offenes Konzept entwickelt. Um den Kindern ein interessanteres Hortleben zu ermöglichen, wurden statt der bisherigen Gruppentrakte Aktionsräume gestaltet. Die Kinder können sich in allen drei Etagen, im Garten und im Sportraum frei bewegen.
Das verlief nicht ganz reibungslos. Bei anstehenden Problemen und Wünschen kamen die Kinder zu einer der vier Erzieherinnen, klärten nichts selber. Kritik und Unmut wurde vorwiegend gewaltvoll – mit Händen und Füßen – geäußert. Zurückhaltende Kinder trauten sich nicht, Wünsche zu formulieren oder eigene Ideen durchzusetzen, ordneten sich aktiveren Kindern unter.
Der Wunsch nach einem Kummerkasten wurde laut. Anonym warfen die Kinder Kritiken, Wünsche oder auch Liebesbriefe hinein. Einmal in der Woche leerten ihn zwei Kinder und lasen die Zettel vor. Die betroffenen Kinder meldeten sich meist – nach mehrmaliger Aufforderung – zu Wort. Danach übernahmen in der Regel die Erzieherinnen das Wort und machten Vorschläge zur Freizeitgestaltung. Sie stellten den Wochenplan vor und erinnerten die Kinder daran, sich einzutragen. Durch ständiges Ermahnen und Klären von Verstößen wurde wenig über die Freizeit selbst gesprochen und es blieb auch wenig Zeit, über anderes zu diskutieren.
In der Analyse dieser unbefriedigenden Situation wurde deutlich, was die Erzieherinnen stört:
• Die Unaufmerksamkeit der Kinder nimmt zu, es wird immer lauter.
• Für die Kinder ist die Versammlung kein Erlebnis mehr, eher eine Mussveranstaltung.
• Drei Erzieherinnen erzählen 64 Kindern, wie die nächste Woche ablaufen wird.
• Die Kinder sind zwar zufrieden, sie müssen sich auch nicht allzu viel Gedanken machen. Die Erzieherinnen aber nicht, denn sie nehmen ihnen das Denken ab.
• Es wird fast nur über Disziplinverstöße gesprochen.
• Erzieherinnen verlangen (!) Eigeninitiative von den Kindern, manchmal mit drohendem Unterton („sonst haben wir eben kein interessantes Angebot").

Meinungsumfrage bei den Kindern

Soll die Versammlung freiwillig oder für alle Pflicht sein? Dazu gab es eine Meinungsumfrage. Es wird unterschiedlich gesehen. Die Erzieherinnen sind sich unsicher, ob sie weiter mit allen 64 Kindern gleichzeitig die

Kindervollversammlung

Die Kinder sind ganz zufrieden:

„Manchmal finde ich die Versammlung gut, manchmal nicht, dann wenn alle so laut sind. Ansonsten könnten wir es so lassen. Das Treffen sollte keine Pflicht sein. Ist doch ihre Schuld, wenn sie nicht wissen, was abläuft."
(Sven, zehn Jahre)

Besprechung machen wollen. Die Kinder diskutieren eifrig in kleinen Grüppchen. Ihr Tenor: „Wenn wir uns beraten wollen, müssen auch alle kommen." Nachdem die Kinder kein Problem sehen, wollen es die Erwachsenen erst einmal dabei belassen. Auch mit den Themen der Versammlung sind die Kinder zufriedener als die Erzieherinnen.
Ergebnis: In erster Linie wollen die Erzieherinnen etwas verbessern, und zwar:
- Kinder sollen demokratischer mitentscheiden können.
- Interessen und Hobbys der Kinder sollen mehr zur Geltung kommen.
- Kritik üben und annehmen will gelernt sein – auch gegenüber den Erzieherinnen.
- Bessere Vorbereitung mit den Kindern, damit sie die Versammlungen zunehmend selbstständig leiten können.
- Durch Kontakt mit Kindern anderer Kitas könnten neue Anregungen entstehen.
- Durch bessere Information über Angebote im Stadtteil könnte sich das Freizeitrepertoire erweitern.
- Kompetenzen von Eltern oder Lehrern könnten mehr genutzt werden, um abwechslungsreichere Tage zu gestalten.

Veränderungen

Gemeinsam werden folgende Veränderungen eingeführt: Die Kinder, die die Versammlung leiten, erhalten genügend Zeit, um sich auf wichtige Themen vorzubereiten. Sie legen fest, wer welche Punkte mit anderen Kindern vorbespricht, welche Person eventuell eingeladen werden soll (ein Elternteil, der Hausmeister ...). Sie überlegen vorher, ob sie eine Vertrauensperson brauchen, mit der das Treffen vorbesprochen werden soll. Einige praktische Regelungen sollen helfen, die übernommene Aufgabe verantwortungsvoller wahrzunehmen. Dazu gehört ein Ordner, in dem Kritik, Wünsche, Anfragen etc. gesammelt und die Protokolle abgeheftet werden.

Die Meinungen der Erzieherinnen über die Kinderversammlung gehen weiter auseinander: Können wirklich über 60 Kinder gleichzeitig über anstehende Fragen diskutieren, oder wäre es besser, sich in kleinere Gruppen aufzuteilen? Das müssen genaue Beobachtungen der nächsten Zeit beantworten.

Die Erzieherinnen sind unzufriedener als die Kinder. Was nun?

Handeln

Tipps zur Beteiligung von Kindern

Erzieherinnen entwickelten mit Kindern eine Palette unterschiedlichster Mitwirkungsmöglichkeiten. Je nach regionaler oder anderer Tradition heißen sie Klönsnack, Morgenkreis, Kinderkonferenz, Ideenrunde ... und werden mit den Kindern gemeinsam vorbereitet. Für die ganz Kleinen braucht es andere Formen, sie sich eigenständig beteiligen zu lassen. Eine kleine Auswahl, zur Nachahmung empfohlen:

• An einer Pinnwand sind von Kindern gemalte Gesichter, traurige, lachende, erstaunte ... In der montäglichen Klönsnackrunde nehmen sich Kinder Sticker ab, zeigen sie der Gruppe und erzählen, was sie bewegt.

• „Darüber sollten wir mal reden", steht groß auf einer Wandzeitung an einer Horttür. Zunächst schrieben die Kinder eher zögerlich auf, baten lieber die Erzieherin, es für sie zu tun. Mittlerweile greifen immer mehr zum Stift und halten fest, was ihnen wichtig ist. Auf der zweiten Hälfte des Blattes wird gleich das Ergebnis der Diskussion notiert. Ohne großen Aufwand hat man damit Tagesordnung und Protokoll zugleich. Abgeheftet in einen zugänglichen Ordner dient er Kindern wie Eltern, auf dem Laufenden zu bleiben.

• Zehn Schuhsohlen auf dem Boden vor der Tür: Nur zehn Kinder dürfen auf einmal in den Bewegungsraum. Auch die ganz Kleinen wollen alleine entscheiden, in den Turnraum zu gehen. Zählen klappt noch nicht. Aber wenn von den zehn Pappfußsohlen noch zwei frei sind, dann wissen auch sie: Nichts wie die eigenen Hausschuhe drauf gestellt und barfuß rein auf die Matten.

• Dafür oder dagegen? Wenn Argumente ausgetauscht sind, wer weiß dann immer noch, welches schwerer wiegt? Wird jede Meinung mit einem Gewicht auf eine Waagschale gelegt, ist das Ergebnis sichtbar (vgl. AG Jugend und Bildung, Wiesbaden o. J., S. 16).

Worüber wir reden müssen!

Nicht dazwischen reden, wenn man sich unterhält
- Abwaschen ist nicht nur die Aufgabe einzelner = unsere Aufgabe!
- Knallkörper werden nicht gesammelt
- Kita Zeitung Thema: unterschiedliche Meinung
- „Das will ich nicht"...

Kinderversammlung

1. - gerade Stephan muß seinen großen Mund halten, er ist frech
- wenn Frau Beier mit den Eltern spricht, warten wir ab auch wenn von uns einer etwas erzählt geht es nur nachdem
2. - Abwaschplan nicht selbst eintragen - Frau Beier trägt die Kinder ein
3. - Belehrung: Sylvesterknaller bleiben liegen!
• Knallern nach Sylvester ist verboten.
• Knaller unter 18 Jahren nicht erlaubt.
zum basteln gibt es das nicht!
4. siehe erarbeiteten Zettel.

„Das ist ihr gutes Recht!"

Alles schön und gut – und wichtig: die Formen, die sicherstellen sollen, dass jedes Kind in der Kita zu seinem Recht kommt. Aber zentral ist: Der äußeren Form muss die innere entsprechen. In einer Kita in Berlin ging es deshalb hoch her, als sich das Team über die Rechte der Kinder auseinander setzte.

Regelrecht gestritten haben wir uns darüber, was Rechte der Kinder sind, ganz konkret hier in unserer Kita. Im Ergebnis waren wir uns einig, der Respekt vor den Rechten der Kinder, die Achtung ihrer Eigenständigkeit, die Anerkennung ihrer Individualität und die Toleranz gegenüber ihren Gefühlen sind Grundvoraussetzungen für uns. Wir haben unseren Tagesablauf daraufhin überprüft. Geholfen haben dabei vor allem folgende Fragen:
Wie erfahren Kinder, dass
- ihre Meinung zählt,
- ihre Gefühle ernst genommen werden,
- ihre Schwächen nicht ausgenutzt und ihre Stärken gefördert werden,
- ihr eigener Wille respektiert wird?

Wir haben uns vorgenommen, jeweils einen Tag in der Nachbargruppe zu hospitieren und in der nächsten Teamsitzung zu berichten, wie dort diese Rechte realisiert werden. Dabei ging es uns um zwei Dinge: sensibel zu werden für die wichtigen kleinen Situationen im Alltag und uns gegenseitig positive Rückmeldung zu geben.

Eine wichtige Erfahrung war übrigens, guter Wille allein reicht nicht. Was haben wir uns für Gedanken gemacht, wie wir Kinder am besten mitbestimmen lassen können. Unmut der Kinder über unsere ständigen Fragen, „Was willst du denn wissen? Dauert es lange?", machte uns deutlich, dass es ein langer Prozess sein wird und wir gerade mal mittendrin sind: Wenn wir das Recht auf Mitbestimmung ernst nehmen, dann können wir nicht allein bestimmen, wie und wie schnell das gehen soll.

Der äußeren Form muss die innere entsprechen

Jedes Kind hat das Recht,
- in Ruhe gelassen zu werden,
- sich gegen andere abzugrenzen,
- auf eine verantwortungsbewusste und engagierte Bezugsperson,
- auf zuverlässige Absprachen mit Erwachsenen,
- zu forschen und zu experimentieren

(Auszug aus dem Katalog einer Berliner Kita)

Handeln

Sternsinger und andere Hilfsaktionen

Es ist Sache der Erwachsenen, sich für eine gerechtere Welt einzusetzen

Solidarität hat viele Gesichter. In diesem Fall ist ein schwarzes dabei. Zu den Heiligen Drei Königen gehört in alter Tradition einer aus Afrika. Melchior, Kaspar und Balthasar ziehen seit vier Jahren auch in einer kleinen Gemeinde in Mecklenburg-Vorpommern Anfang Januar von Haus zu Haus. Eingebunden in Rituale, verbunden mit Aktion – verkleiden, mutig an fremde Türen klopfen, auswendig Gelerntes hersagen, den Solidaritätsgroschen zählen und mit den Einnahmen der anderen Gruppe vergleichen –, so macht es Kindern Spaß, sich um andere zu kümmern. Der „gute Zweck" ist vermutlich während des Singens eher zweitrangig. Trotzdem erfahren die Kinder dabei tätige Nächstenliebe. Sie hören von Kindern in anderen Ländern und erleben eigene Möglichkeiten, Mitgefühl zu bekunden.

Den Erzieherinnen des evangelischen Kindergartens ist es dabei besonders wichtig, die Hilfsaktion nicht mit dem moralischen Zeigefinger – „Ihr wisst gar nicht, wie gut ihr es habt!" – zu begleiten. Dieser stellt sich leider oft ein, wenn Erwachsene Kinder für Nöte anderer Menschen sensibilisieren wollen. Aber es ist und bleibt Sache der Erwachsenen, sich für eine gerechtere Welt einzusetzen. Kinder können daran teilhaben, können solidarische Erwachsene erleben und somit von klein auf diese Dimension im Zusammenleben der Menschen als selbstverständlich erfahren. Aber bitte ohne Schuldgefühle und Verschiebung von Verantwortlichkeiten.

Andere Aktionen kennen Sie sicher selber: Auf der Spielzeugbörse wird für die Kinder aus dem Asylbewerberheim im Dorf gesammelt. – Der Erlös des Weihnachtsbasars geht an eine Schule in Nicaragua. Einige Eltern gehören zu einer Nicaragua-Solidaritätsgruppe und waren selbst schon dort. – In einer anderen Kita gibt es eine Sammelbüchse, aus der armen Kindern aus der Einrichtung die Beteiligung am Ausflug ermöglicht wird. ...

Erzieherin:
„Das bin ich, auch wenn's euch nicht passt."

Ein demokratischer Umgangsstil hat viel mit der Person der Erzieherin zu tun. Nicht viele Worte über ihre Rolle, sondern ein persönlicher Bericht soll anregen, über eigene Erfahrungen und Haltungen nachzudenken.

1980 schloss ich mein Examen als Krippenerzieherin mit Erfolg ab. Das empfand ich nicht weiter als schwierig, obwohl ich mit manchem in der Ausbildung nicht einverstanden war: Zum Beispiel verstand ich nicht, warum eine Krippenerzieherin sämtliche Körperteile lateinisch und griechisch hersagen musste. Oder warum ich ein Säuglingsbett in 11 Minuten reinigen und beziehen sowie einen Säugling in 14 Minuten baden musste. Trotz dieser Unmöglichkeiten machte mir mein Beruf Spaß.

Wendezeit

1988 wurde für mich die Situation in der Krippe unerträglich. Ich ging nur noch den Kindern zuliebe hin. Die Krönung war, als ich mit Dreijährigen eine Wandzeitung zu Thälmanns Geburtstag anfertigen sollte. – Ohne Worte!
Unsere Leiterin erledigte private Sachen in der sonst so peinlich sterilen Milchküche. Ich war noch kein Jahr in dieser Einrichtung, aber so was hatte ich noch nicht erlebt: Warum taten Leiterinnen Dinge, die uns streng verboten waren?
Warum wurde die Fachberaterin von der Leiterin immer zu uns jungen Erzieherinnen geschickt? Nicht, um uns pädagogisch unter die Arme zu greifen. Nein, um zu notieren, wie oft wir die Händedesinfektion nach dem Naseputzen bei den Kleinen nicht anwenden. Sie stand mit Zettel und Stift hinter mir, um mir später zu sagen, so geht das nicht!
Meine 27 Lenze reichten, um bei Kolleginnen den Standpunkt zu vertreten: So nicht weiter! Die Älteren bestärkten uns, wollten es sich aber mit der Leiterin nicht verderben. Wer tut das schon gern. Und so kündigte ein junges Dreierpack im Mai '88. Das erschien der Betriebsleitung doch etwas seltsam, und es kam zu einer Aussprache zwischen Krippenvereinigung und unserem Kollektiv. Die Diskussion wurde hitzig. Mein letzter Satz: „Wenn Sie solche Leiterinnen tragen, bin ich hier falsch!" Ich fühlte mich elend hinterher, denn es war endgültig. Mit Wut im Bauch und Tränen in den Augen verließ ich die Krippe.

Was soll nun werden? DDR-Hausfrau? Ich konzentrierte mich auf meinen Sohn, der gerade eingeschult wurde. Als Hausfrau ging es mir anfangs toll, allmählich aber war es doof und langweilig. In dieser Zeit half mir meine Familie sehr. Aus ihr

„Nach meiner Kündigung fühlte ich mich elend. Mit Tränen in den Augen verließ ich die Krippe."

Handeln

„Wieder war ich allein. Selbstzweifel kamen!"

schöpfte ich Kraft. Ein neuer Anlauf ins Berufsleben führte mich in ein Großraumbüro. Der ohrenbetäubende Krach der Vorkriegsschreibmaschinen war auch nicht meine Welt.

Eine Fachberaterin der Volksbildung, die ich kannte und schätzte, half mir, in einem Kindergarten einen neuen Wirkungskreis zu finden. Also fing ich – gelernte Krippenerzieherin des Gesundheitswesens – als Erziehungshelferin der Volksbildung an. Meine Haupttätigkeiten waren Früh- und Spätdienst sowie Bettenbeziehen: Für 144 Kinder musste wöchentlich Wäsche gewechselt werden. Meinen Unmut teilte ich meiner Fachberaterin und meiner Gewerkschafterin mit. Beide rieten mir zu Geduld, und ich übte sie …

Nach vielem Hin und Her bekam ich 1990 eine eigene Gruppe zugeteilt. Stolz wie ein König war ich. Ich konnte mich beweisen und es machte mir riesigen Spaß. Auf dem ersten Gruppennachmittag mussten die Eltern an kleinen Tischen sitzend für ihre Sprösslinge etwas basteln. Damit wollte ich sie zum Nachdenken bewegen: über Beschäftigungen als Pflicht. Von da ab bekam das freie Spiel einen höheren Stellenwert bei einigen Familien. Unser Verhältnis wurde super, auch weil ich die Eltern am Alltag ihrer Kinder teilhaben ließ. Es dauerte kein Jahr und ich merkte, dass die Leiterin zwar nett ist, aber nett sein ist ja nicht alles. Als ich vorschlug, die Dienstberatungen von der Mittagszeit, während die Kinder

Erzieherin: „Das bin ich, auch wenn's euch nicht passt."

schliefen, auf 16.00 Uhr zu verlegen, ging's wieder los: Auf der nächsten Dienstberatung brachte sie meinen Vorschlag mit entsprechendem Zungenschlag ein und keine der Kolleginnen fand ihn gut. Wieder war ich allein! Selbstzweifel kamen.

Wagnis ins Unbekannte

1991: Ich sah mich nach neuen Betreuungsformen im Westen um. Doch ich wollte nicht westwärts. Ich wollte hier etwas verändern. Aber allein? In dieser Unzufriedenheit sprach mich eine Mutter unseres Kindergartens an. Sie war dabei, einen Verein ins Leben zu rufen. Sieben Eltern trafen sich, um die Gründung von „Eltern werden aktiv" e.V. vorzubereiten. Ich wurde eingeladen, meine pädagogische Fachlichkeit war gefragt. Irgendwann musste ich mich entscheiden, ob ich ins Unbekannte – Kinderladen – als Leiterin mitgehe. Es gab vieles abzuwägen. Nachdem ich mich dafür entschlossen hatte, sprach ich mit allen Eltern meiner Gruppe einzeln. Von 16 Eltern wollten 12 ihre Kinder auch weiterhin in meinen Händen wissen. Das tat gut. Aber es begannen vier eklige Wochen. Alle 12 Familien meldeten ihre Kinder in der staatlichen Einrichtung ab. Ein Kloß saß mir im Hals beim Abschied.
Ich ging wieder einmal, aber diesmal nicht allein: Die Eltern luden all mein Hab und Gut auf und fuhren mich in mein und ihr neues Domizil. In mir kam ein fremdes Gefühl auf, mehr Unsicherheit als Angst, aber nicht unangenehm. Mein Vorsatz: Nie wirst du so eine Leiterin, wie du sie kennen gelernt hast! Aber das konnte ich gar nicht sofort beweisen: Das Jugendamt hatte der Abteilung Kindertagesstätten nicht mitgeteilt, dass wir unseren Leitungsposten selbst besetzen wollten. Wir erhielten eine Leiterin zugewiesen. Gottseidank verließ sie uns nach drei Monaten: Weil wir anders waren, ging sie.

Gemeinsam sind wir stark

Heute sind wir unser eigener Träger, müssen uns sowohl um die pädagogische als auch die finanzielle Seite unserer Einrichtung kümmern. Die Beziehung zu den Eltern ist dadurch eine ganz andere geworden. Wir sind tatsächlich Partner in einem gemeinsamen „Unternehmen" geworden. Oft wussten wir zwar, was wir wollten, aber nicht, wie wir dahin kommen sollten. So mussten wir immer wieder ausprobieren, verwerfen und neu entwickeln. Ich glaube, das ist jetzt unsere Stärke geworden.

Mit der Demokratie, wie sie sie hier und heute erlebt, ist diese Kollegin nicht zufrieden. Es wird ihrer Meinung nach zu wenig Rücksicht auf die Schwachen genommen. Aber sie ist es ja gewohnt, für ihre Haltung einzutreten!

„Diesmal ging ich nicht allein: Eltern fuhren mit mir in unser neues Domizil."

Handeln

Leiterin: Den angemessenen Führungsstil finden

Harte Zeiten, als die Leiterin partnerschaftlich führen wollte, aber die Kolleginnen eine gute und gerechte Regentin suchten

In Halle und Berlin arbeiten sie und streben einen demokratischen Leitungsstil an. Bei beiden macht er sich unterschiedlich bemerkbar. In anderen Kitas wird es eine dritte oder vierte Variante geben.

Beraterin, Erinnerin und Kontrolleurin

Als Beraterin muss ich die Moderation von Dienstbesprechungen übernehmen, Fortbildungen und Konzeptberatung organisieren und zum Teil selbst führen. Dabei ist mir wichtig, alle Mitarbeiterinnen einzubeziehen, ihre vielfältigen Ideen zu sammeln und gemeinsam Ziele zu erarbeiten. Bei den Stärken der Kolleginnen wird angesetzt. Darunter verstehe ich, dass von jeder Kollegin Qualität erwartet und gefördert wird. Die Schwächen werden durch die Stärken anderer relativiert.

Als Erinnerin achte ich darauf, dass gemeinsam erstellte und verteilte Arbeitsaufgaben erledigt werden, ob Ziele und pädagogisches Konzept mit der alltäglichen Arbeit übereinstimmen und wie die Rechte der Kinder umgesetzt werden.

Als Kontrolleurin werte ich den Prozess, nicht die Person. Ich bringe meine Beobachtungen ins Team ein und initiiere Diskussionen, um neue Handlungsmöglichkeiten zu beraten.

Hart war, als zu Beginn meiner Tätigkeit meine Vorstellungen und die der Kolleginnen nicht übereinstimmten. Ich erwartete eigenständiges, verantwortliches Handeln und respektierte sie als professionelle Fachkräfte. Sie erwarteten jedoch Lob, stetige Präsenz, Wertung ihrer Person und Abrechnung der eigenen Leistung.

Es war nicht leicht bis zum heutigen Stand, wo nicht mehr für die Leitung gearbeitet wird, sondern mit ihr zusammen.

„Manchmal drehe ich eine Runde im Park, um mich zu beruhigen."

Sie kennen das, eine Gruppe einfallsreicher, sprühender oder auch ruhiger, besonnener Individuen. Jede Einzelne ein interessanter Mensch. Alle zusammen: manchmal nicht auszuhalten! Bloß gut, dass wir einen wunderschönen Park um unsere Einrichtung haben. Eine kurze Runde, und mein Kopf ist wieder klarer. Besonders kompliziert wurde es, als sich unser Team völlig neu zusammensetzte. Langjährige Kolleginnen verlassen uns, neue kommen hinzu und müssen mit dem Hauskonzept erst vertraut werden. Die „alten" Kolleginnen erinnern sich plötzlich nicht mehr an geltende Regeln und Prinzipien der Arbeit. Absprachen werden nicht eingehalten: Ganz schön frustig!

Leiterin: Den angemessenen Führungsstil finden

Meine Reaktion: Die Dienstberatung wird geviertelt. Am Anfang bekommen immer ein oder zwei Kolleginnen Zeit, über ihre Arbeit zu sprechen. So haben wir die Chance, Entwicklungswege und wichtige pädagogische Erfahrungen und Sichtweisen zu erfahren. Im zweiten Teil steht ein konkreter Inhalt auf der Tagesordnung, der aus professioneller und persönlicher Sicht beraten wird. Zum Beispiel: „Was beinhalten Regeln für Sie persönlich und hier in der Kita?" Teil drei widmet sich einem konkreten Problem, seiner Analyse und vor allem seiner Klärung. Zum Schluss kommt Organisatorisches dran. Obwohl diese Reihenfolge nicht immer eingehalten wird, trägt sie dazu bei, uns besser kennen zu lernen. Die persönliche Reflexion hilft, unterschiedliche Auffassungen verstehen und damit besser mit ihnen leben zu können.

Ein Beispiel: Unsere bedenkenswerte Beratung zum Schlafen in der Kita. Sie wurde mit der Frage eingeleitet, welche Erinnerungen an Schlafenssituationen wir selbst haben. Zwei Antworten aus einer Reihe wenig erfreulicher Erfahrungen:
„Das Schlimmste war, dass ich nie meine Puppe mit auf die Liege nehmen durfte. Jeden Mittag musste ich deshalb weinen." (54 Jahre)
„Wenn einer nicht schlief, wurde er ins Bad gelegt oder in einen extra Raum." (25 Jahre)

Nach dieser Runde fiel es uns nicht mehr schwer, Alternativen zum strengen Reglement des Mittagsschlafs zu finden!

Geviertelte Dienstbesprechung
1. *Bericht einer Kollegin*
2. *Beratung*
3. *Problemklärung*
4. *Organisatorisches*

Handeln

(Unerwartete) Lobby für Kinder nutzen

Meine Kollegin hat kein Interesse, mit den Schulanfängern die Einladung der neuen Apotheke anzunehmen. Spontan erkläre ich mich bereit. Obwohl, eigentlich kann ich diesen Besuch nicht richtig in mein Projekt einbetten. Na ja, Situationsansatz eben mal nicht pur.

Wir hatten zwar den Bau des Ärztehauses verfolgt. Einige Kinder waren auch schon dort beim Zahnarzt oder holten sich Poster aus der Apotheke, aber einen richtigen Anlass gab es nicht. Mit gemischten Gefühlen machen wir uns auf den Weg. Zum Glück sind ein paar Kinder erkältet. Vielleicht war das der Ansatz? Ehrlich gesagt, ich weiß nicht, was mich dort erwartet, was ich selbst will. Ich habe auch ein wenig Angst, die Kinder könnten irgendwas kaputtmachen zwischen all den Glasregalen oder als Statisten gebraucht werden. Die Apothekerin empfängt uns überaus herzlich, macht sich mit den Kindern bekannt, lässt sie Schubfächer öffnen, Salben rühren, Zäpfchen drehen, Teesorten schnuppern. Zum Schluss dürfen sie die selbst gerührte Salbe mit nach Hause nehmen. Begeistert erzählen die Kinder davon in der Kita und ihren Eltern. Sie machen die beste Reklame für die Apotheke:
Eine geschäftstüchtige Frau, diese Apothekerin!

Wie es bei uns üblich ist, werte ich den Besuch mit den Kindern aus. Als kleines Dankeschön malt jedes ein Bild. Fast auf jeder Zeichnung war deutlich die Apothekerin zu erkennen. Gemeinsam überreichen wir die Bilder. Das war's dann. Aber: Es war erst der Anfang.

Die Kinder führen mich ein paar Tage später zum Schaufenster der Apotheke und zeigen mir stolz ihre Bilder, die dort liebevoll ausgestellt sind. Mir gefällt, dass die Kinderarbeiten so gewertet werden (auch wenn es Reklame ist):
Eine sympathische, geschäftstüchtige Frau!

Aus einem spontanen Besuch entsteht ein Kontakt mit Folgen

(Unerwartete) Lobby für Kinder nutzen

Kinder laden die Apothekerin in den Kindergarten ein. Und tatsächlich, sie kommt. Wir unterhalten uns. Frau W. erzählt von den Schwierigkeiten, im Westen einen Kita-Platz zu bekommen. Manchmal hat sie Kinder aus der Nachbarschaft in der Apotheke betreut, wenn Mütter, die keinen Platz in einer Kita hatten, zu einem wichtigen Termin mussten. Sie findet, dass man die Einrichtungen hier im Osten unbedingt erhalten muss. Leichter gesagt als getan bei den rückgängigen Kinderzahlen und der kinderfeindlichen Politik. Sie will sich als Mitglied im Sozialausschuss der Stadt besonders für den Erhalt der Kindereinrichtungen und für die Belange der Kinder einsetzen:
Eine sozial engagierte Geschäftsfrau!

Frau W. holt den Sozialausschuss in unsere Einrichtung: Politiker vor Ort! In der Ausschusssitzung geht es darum, Möglichkeiten zu finden, Kita-Plätze zu erhalten. Für unsere Einrichtung kommt dabei die Integration eines Hortes heraus, mit der Folge, dass Stellen gesichert sind. Die Ausschussmitglieder machen einen Rundgang durch unser Haus. So erhalten wir noch die Zusage für eine Sanierung der Waschräume.

Dem Engagement von Frau W. ist es zu verdanken, dass es seit kurzem ein Schülerparlament in unserer Stadt gibt. Die politisch Verantwortlichen tun sich schwer damit. Mit Frau W. berate ich zur Zeit, wie wir die Vorschulkinder einbeziehen können. Dabei bewegen uns zwei Fragen: Was wünschen sich Kinder in unserer Stadt? Und: Welchen Anteil am gesellschaftlichen Leben können sie tatsächlich nehmen?
Eine Partnerin in Sachen Bündnis für Kinder!

Was tun, wenn die Kinderlobby nicht von selbst an die Tür klopft?
Kennen Sie die Personen vor Ort, die sich für Kinderinteressen einsetzen? Wer ist im Jugendhilfeausschuss? Gibt es Kinderbeauftragte der Parteien oder ein Kinderbüro? Haben Sie diese Vertreter schon mal in Ihre Kita eingeladen? Hat der Sozialausschuss Ihrer Stadt schon mal bei Ihnen getagt?

Ein kleines Beispiel:
Mit unseren Vier- bis Sechsjährigen beteiligen wir uns an der Bürgerbefragung zur Auswahl des neuen Brunnens am Marktplatz. Dazu müssen wir in die Sparkasse, wo alle Modelle ausgestellt sind. Genau da war ein Fotograf zur Stelle und seitdem wir in der Zeitung waren, mit Foto beim Betrachten der Miniaturbrunnen, verfolgen die Kinder aufmerksam die Presse. Wir müssen vorlesen, wer wieder was zur Gestaltung des Marktes gesagt hat. Die Leserbriefe haben es ihnen am meisten angetan. Die Fragebögen sind jetzt ausgefüllt. Mal sehn, ob wir die Auswahl beeinflussen konnten. Bei der Brunneneinweihung sind wir, wenn es irgend möglich ist, an Ort und Stelle.

Die politisch Verantwortlichen tun sich schwer mit dem Schülerparlament

Handeln

Kinder interessieren sich für ihre Stadt

Was Kinder an ihrer Stadt interessant finden, ist anderer Art als das von Kommunalpolitikern

Wenn Kinder sich für ihre Stadt interessieren, schaut dies anders aus, als bei Kommunalpolitikern. Sie fragen: Warum heißt der Brunnen so? Wie groß ist das Tor dort hinten? Wohnt in dem Stadtturm tatsächlich der Vogel Greif? Wann gehen wir in den Zoo? Warum steht der da und bettelt?

Oder: Sie stehen empört vor dem neuen Schild an „ihrem" Ostseestrand, auf dem geschrieben steht „Hundebadestrand". Die, die nicht lesen können, sehen es: Viel mehr Hunde als sonst balgen dort, wo sie immer spielen. Hundekacke liegt überall (lt. Umfragen übrigens das, worüber sich Kinder in der Stadt am meisten ärgern). Manche fürchten sich auch vor den großen frei laufenden Tieren.

Oder: Sie rennen aufgeregt in die Kita und rufen schon von weitem: „Der Weimarhallenteich hat kein Wasser mehr!" Und dann muss man unbedingt sofort hin und nachsehen, ob das stimmt. Ob man da wirklich keine Enten mehr füttern kann und wo die Fische sind: „Die können doch nicht wegfliegen wie die Enten."

Oder: Eltern meinen, dass sie zu viel in der Stube hocken und nichts von ihrer Umgebung kennen.

Aus den unterschiedlichsten Gründen also sind Kinder neugierig oder werden aufgescheucht, wollen wissen, was da los ist. Manchmal bleibt es bei spontanen Aktionen und Erkundigungen, manchmal wird ein Projekt daraus.

Zum Beispiel: Stadterkundung

Eher zufällig ergab es sich in Rostock, dass Erzieherinnen und Kinder loszogen, um ihre Stadt zu erkunden. Fragen der Kinder waren der Auslöser. Eltern und Großeltern erzählen Geschichten und über die Geschichte. Auf einem Stadtplan wird der Streifzug durch die Stadt nachgezeichnet: Ein Wandertag pro Woche führt durch die Gassen. Prinzip: Es wird immer an dem Punkt angefangen, an dem die letzte Tour geendet hat.

Manche Attraktion wird nebenbei aufgestöbert: Im Museum will die Gruppe nur verschnaufen und wird – ob ihrer Kenntnisse über die Stadt – zu einem kostenlosen Rundgang durch eine Puppenausstellung eingeladen. Am liebsten wären die Kinder in die Vitrinen

Kinder interessieren sich für ihre Stadt

hineingekrochen, so gut gefiel ihnen das alte Spielzeug.

Als das Stadtwappen am Torbogen untersucht war, entdeckten die Kinder weitere 52 Wappen in der Stadt. Ein Grund, andere auf die Suche zu schicken, einen Wettbewerb auszuschreiben und den Preisträger auszuzeichnen.
Zeichnungen der Kinder und mitgebrachte Postkasten aus allen Epochen sammeln sich an. Die Idee, ein eigenes Bilderbuch über Rostock zu machen, nimmt Gestalt an.

Bei einem unangemeldeten Besuch im Rathaus erklärt ein Verwaltungsangestellter die Entwicklung der Stadt an einem Modell aus dem 17. Jahrhundert. Zu diesem Zeitpunkt wissen die Kinder schon so viel, dass sie wichtige Gebäude wiedererkennen.

Einem Besucher klappte die Kinnlade runter. Ungläubig schaut er von der Kindergruppe zu seinem etwa gleichaltrigen Sohn: „Weisst du das auch alles?", fragt er ihn. Die beiden verlassen etwas verwirrt das Rathaus. Kindergartenkinder und Erzieherin schauen sich verschmitzt an.

Der Hundestrand muss weg

Völlig klar, dass ein Ereignis diese kleinen Bürgerinnen und Bürger der Stadt Rostock nicht in Ruhe lässt und ein Erkundungsgang verschoben werden muss. Das kann man sich doch nicht bieten lassen: Nur weil das neue Hotel keinen Hundestrand vor seiner Tür haben will, das Schild einfach ein paar 100 Meter weiter vor den Kindergarten setzen! Ein Bericht in der Zeitung, ein Gespräch mit der Stadtverwaltung – bei denen die Kinder mittlerweile bekannt sind – klärt den Hintergrund auf und führt zur Abhilfe. Der Protest führt sogar dazu, dass ein neues Schild aufgestellt wird: „Dieser Strand ist dem Kindergarten und Feriengästen vorbehalten."
Weil das Schild nur weitergerückt wurde, halten die Erzieherinnen die Diskussion noch nicht für beendet. Obwohl das Florianzprinzip, mal zugunsten von Kindern angewandt, durchaus auch ein Erfolg ist.

Nur weil das Hotel einen sauberen Badestrand will, sollen die Hunde auf den Strand vor der Kita kacken!

Handeln

„Eltern locken uns nach draußen"

Eltern eines Kinderladens bemängeln, dass ihre Kinder zu wenig draußen sind und von ihrer unmittelbaren Umgebung viel zu wenig wissen. Da sich einige spontan anbieten, bei Ausflügen behilflich zu sein, entwickeln wir mit ihnen gemeinsam ein Projekt. Eine Mutter schlägt einen festen Tag der Woche als Exkursionstag vor, damit sich die Eltern besser darauf einstellen können. Immer freitags soll es raus gehen und immer donnerstags geben die Eltern Bescheid, wer mitkommt.

Eine Mutter sorgt für wöchentliche Exkursionen in die Umgebung

Los geht's:
- Auf einen großen Stadtplan kleben Kinder Fotos von ihren Häusern.
- Auf ein Riesenplakat malen Kinder ihre Wohnumgebung – mit sehr viel Sorgfalt und Hingabe.
- Nach ersten Exkursionen werden die Gruppen verkleinert. Es zieht sich viel leichter mit fünf oder sechs Kindern los als mit der gesamten Gruppe. Die Mithilfe der Eltern macht dies möglich.
- Auf die Auswertung wird mehr und mehr Wert gelegt. Nicht im Sinne von „Was war euer schönstes Erlebnis?", was wir alle von früheren Schulausflügen in unangenehmer Erinnerung hatten. Sondern durch „Verankerungsfragen" – wie zum Beispiel, ob sie sich noch an die süßen Kirschen vom Obst- und Gemüseladen erinnern und wo der noch mal genau war. Oder zum Beispiel, indem in kleinen Schuhkartons die Uferpromenade nachgebaut wird.
- Irgendjemand kommt auf die Idee nachzuforschen, wie es früher auf den Straßen aussah. Dies führt zu Spielen, die die Großeltern draußen spielten. Ein Plakat mit alten Spielen entsteht. Eltern fragen nach Abschriften. Vielleicht machen wir gemeinsam mit Großeltern ein kleines Buch traditioneller Rostocker Straßenspiele.

"Eltern locken uns nach draußen"

Lernerfolg

Die Auswertung im Kreis der Kolleginnen bestätigt, dieses Projekt führte dazu, dass sich die Kinder heimischer fühlen. Sowohl in Beziehungen als auch in Bezug auf ihre Umgebung. Dass ungeplanterweise noch der Blick in die Vergangenheit hinzu kam, bereicherte den Erfahrungswert für die Kinder wie für uns Erwachsene.

Was Erzieherinnen und Eltern hier gemeinsam geleistet haben, ist ein Beitrag dafür, nicht gleichgültig vor sich hin zu leben, sondern sich angesprochen zu fühlen, die Entwicklung in der eigenen Gemeinde aufmerksam zu verfolgen oder sich zu beteiligen:
„Wer sich einmischen will, muss eine Heimat haben". Das ist eine wichtige politische Perspektive, die man auch kennt unter dem Begriff „global denken, lokal handeln". Und so kann es in der Kita beginnen!

Beispiele, wie es weitergehen kann:

Komm, ich zeig dir was!
- Neu zugezogene Kinder werden von den einheimischen herumgeführt: wo der schönste Spielplatz, die netteste Verkäuferin, der beste Kinderbuchladen, das leckerste Eis der Stadt ist, was hier früher war …
- Eltern helfen Neubürgern beim Heimischwerden. Welcher Kinderarzt ist zu empfehlen, in welchem Restaurant gibt es kinderfreundliche Bedienung und wo kann man an langen Sonntagnachmittagen mit den Kleinen hingehen?
- Ausländischen Eltern wird geholfen bei Behördengängen, beim Ausfüllen von Formularen, bei der Wahl des Facharztes …

So könnte sich allmählich zeigen, was es heißt, sich nicht nur selbst wohl zu fühlen, sondern andere daran teilhaben zu lassen.

Heimat

„Wer sich einmischen will, muß sich zugehörig, zu Hause fühlen – muß eine Heimat haben. Heimat ist innere und äußere Heimat, eine persönliche Balance von Herz und Kopf, von Nähe und Distanz. Unsere Heimaten sind, woher wir kommen, wo wir leben und arbeiten und wohin wir uns sehnen. Unsere Wünsche zielen in einer weltoffenen und vernetzten Gesellschaft auch auf einen Ort, eine Region, mit der man sich aufgrund von Sprache, Kultur, Geschichte, Landschaft und Natur identifiziert. Heimat ist Wechselbeziehung zwischen Region und Person – nicht nur von der Region, sondern auch für die Region leben. Heimat bietet als unveräußerliches Menschenrecht für alle die Möglichkeit einer befriedigenden Lebensperspektive, die wir gleichberechtigt und verantwortlich mitgestalten können – jeden Tag ein Stück Heimat schaffen."

Toblacher Thesen 1995

WIE SCHÖN, DIESE RUHE NACH DEM STURM!
ICH SETZE NOCH EINS DRAUF...

4. Nachdenken – Erfahrungen auswerten

Wir sind mittendrin im Thema „Ich und die anderen". Aber, darf man das überhaupt in dieser Reihenfolge sagen? Haben wir nicht gelernt, dass es sich nicht gehört, sich zuerst und dann den anderen zu nennen? Das ist zwar nach Knigge unhöflich, aber sachlich korrekt. Eigentlich geht es gar nicht anders: „Ohne Ich kein Wir", sagt der Soziologe Ulrich Beck. Aber automatisch wird aus lauter kleinen Ichs noch lange kein Wir, geben vor allem Erzieherinnen aus dem Osten zu bedenken. Bis vor kurzem hieß es für sie noch „Vom Ich zum Wir" und nun, so empfinden es manche, geht es geradewegs zurück. Der Egoismus siegt wieder, so ihr Vorwurf.

Wie schwierig es ist, sowohl sich selbst ernst zu nehmen als auch den anderen, davon können Erzieherinnen in Ost wie West ein Lied singen. Zum Beispiel gestehen sie im Übereifer plötzlich allen anderen mehr Rechte zu als sich selbst. Das kann auf Dauer nicht gut gehen.

Oder sie blicken selbst nicht mehr durch, wenn alle mitreden wollen. Es ist nicht mehr klar, wer was entscheidet und nach welchen Kriterien. Wer ist wofür zuständig, und wer kann welche Verantwortung tragen bzw. muss sie tragen? Wer hat im Blick, ob es auch „gerecht zugeht"? Fragen, die sowohl für die Kindergruppe als auch für das Erzieherinnenteam gelten. Bei der Beteiligung der Eltern geht auch nicht alles mit ruhigen Dingen zu, wenn man den Seufzern mancher Erzieherinnen glaubt. Mal zeigen sie zu wenig und mal zu viel Interesse. Mischen sich ein in Angelegenheiten, die sie gar nichts angehen. Wie gehen Sie damit um?

Und: Wer fragt eigentlich die Träger und Politiker nach ihrer Verantwortung? Sind sie fein raus, wenn Erzieherinnen sich verantwortlich fühlen? Darüber und über manch anderes, was sich aus dem Anspruch eines demokratischen Lebensstils in der Kita in Theorie und vor allem in der Praxis ergibt, wird in diesem Kapitel sinniert.

Nachdenken

Die führende Rolle der Erzieherin gerät ins Wanken

„Wie werden sich Erzieherinnen dem Thema ‚Demokratie und gesellschaftliches Leben gestalten' nähern, die wegen ihrer politischen Pädagogik angegriffen worden sind? Erzieherinnen, die sich um ihre eigene Existenz kümmern müssen, weil fast jede zweite Kollegin entlassen wird. Die umgesetzt werden, ohne dass sie, die Leitung oder Eltern gehört werden. Pädagoginnen, die Anpassungsqualifizierungen absolvieren mussten, um im Westen anerkannt zu werden." Skepsis liegt in der Luft, als eine Kollegin aus Berlin (Ost) diese Frage stellt.

In der Auswertung zum Ende des Projektes Kindersituationen bezeichnet dieselbe Pädagogin die Erfahrungen in der Entwicklungsgruppe „Demokratischer Lebensstil in der Kita" als ihre beeindruckendste. Weil es nicht um politischen Unterricht, sondern um Demokratie als Lebensform ging und weil Widersprüche nicht ausgeklammert wurden, konnte „etwas in Gang kommen". So ihr Resümee.

Was in Gang gekommen ist, war durchaus konfliktreich, kontrovers und nicht ohne emotionale Höhen und Tiefen. Es gleicht in vielem Entwicklungen, die aus Projekten in den alten Bundesländern vertraut sind (vgl. Lipp-Peetz 1987, S. 4 ff.).

Wenn Kindern und Eltern mehr Rechte zugestanden werden, fühlt sich manche Erzieherin entmachtet

Wenn anderen (Kindern und Eltern) mehr Rechte zugestanden werden, fühlt sich manche Erzieherin entrechtet. Je nach Temperament geht sie mit dem Machtverlust unterschiedlich um.

Sich auf einen gleichberechtigten Stil mit anderen einzulassen, bringt Prozesse in Bewegung, die nicht ohne Wagnisse und Fallen sind. Zum Beispiel:

• Große Verunsicherung, ob eine eigene Meinung noch gefragt ist. Entscheidungen kommen über Mehrheiten zustande, ohne dass über das Für und Wider ernsthaft diskutiert wird. Erzieherinnen sind erleichtert, wenn eine Außenautorität sie ermuntert, ihren eigenen Standpunkt, ihre Gefühle, Argumente und beruflichen Kenntnisse nach wie vor ernst zu nehmen und in die Debatte einzubringen.

• Ernstnehmen von Bedürfnissen wird mit Wunscherfüllungspädagogik verwechselt.
Nicht selten nehmen Erzieherinnen nur noch auf, was Kinder wünschen. Per Abstimmung wird entschieden, wer oder was zur Geltung kommt. Argumentiert wird wenig, höchstens mit fehlendem Geld. Selten vertritt die Pädagogin, dass sie diesen Wunsch nicht erfüllen will, weil … Begründetes Neinsagen gilt auch für Erwachsene!

• (Versteckte) Aggressivität.
„Wenn ich nicht mehr alles bestimmen kann, dann lasse ich es ganz."

Die führende Rolle der Erzieherin gerät ins Wanken

Achselzuckend wird darauf verwiesen, dass die Kinder (oder Eltern oder Kolleginnen) es ja so wollten. „Man hat ja nichts mehr zu sagen!" Dazu zählt leider auch immer wieder ein hämisches „Das hätte man sich ja gleich denken können", wenn den anderen etwas nicht gelingt.

- Subtile Machtausübung.

Eine Kinderkonferenz oder ein Elternabend wird so geleitet, dass die Kinder oder Eltern schon „dahin kommen, wo man sie haben will", bzw. dass sie „das Gefühl haben, sie können entscheiden". Ein verräterischer Satz. Offenbart er doch, dass die Erzieherin die Fäden gar nicht aus der Hand geben will.
Eine Kollegin fragt sich selbstkritisch, ob sie die Mitwirkung der Kinder nicht vor allem nutzt, um sich durch die gegenseitige Disziplinierung der Kinder zu entlasten. Immer mal wieder überprüfen, ob Regeln dazu dienen, Freiheiten zu sichern oder Kontrolle zu vervielfältigen, das hat sie sich zur Aufgabe gestellt.
Zu seiner Macht und Verantwortung zu stehen, fällt nicht leicht. Es ist schwer, offen zu vertreten, dass man sich an dieser oder jener Stelle nicht überstimmen lassen will; sein Argument für so wichtig hält und es darum keiner Mehrheitsentscheidung anheim stellen will. Auch darauf zu pochen, dass Kompetenzen anderer betroffen sind und diese (zum Beispiel Träger) gehört werden müssen, wird gern vermieden.
Vielleicht hilft da Transparenz weiter: Wissen, wer wann „das Sagen" hat, welches Argument das Ausschlaggebende war, auf wen – warum – Rücksicht genommen werden soll.

- Manchmal wird demokratischer Stil mit Harmonie verwechselt.

Dabei steht zu befürchten, dass sogar das Gegenteil eintritt, wenn man sich darauf einlässt. Kennen Sie das auch: Ein triumphierender Blick, wenn man sich wieder nicht einigen kann, wenn sich der Schnellere und nicht der Klügere durchgesetzt hat oder der errungene Kompromiss niemanden so recht glücklich macht? „Und das soll demokratisch sein!" Gerade so, als hätte man das Paradies auf Erden versprochen, wenn man das Wörtchen Demokratie in den Mund nimmt. Dabei ist es eine sehr irdische Angelegenheit, auf die man sich eingelassen hat. Mit allen Ungereimtheiten, Unzulänglichkeiten und Mühseligkeiten, die sich einstellen, wenn Menschen etwas gemeinsam gestalten wollen.

Immer mal wieder überprüfen, ob Regeln dazu dienen, Freiheiten zu sichern oder Kontrolle zu vervielfältigen

> „Viele Jahre meines Lebens gingen dahin,
> bis ich Mut genug beisammen hatte,
> das Hohngelächter der Dummköpfe
> und den Spott der Besserwisser
> für nichts zu achten,
> bis ich zu sagen und zu schreiben wagte,
> was ich sah, was ich fühlte, was ich dachte,
> und nicht, was ich hätte sehn,
> fühlen und denken sollen."
>
> Erwin Strittmatter

Nachdenken

- Verwechslung von Toleranz mit Beliebigkeit.

Manche interessante Diskussion unter Erzieherinnen wird an der Stelle abgebrochen, wo es beginnt, spannend zu werden, wo unterschiedliche Meinungen begründet werden müssten, wo sich eine Annäherung anbahnte oder persönliche Erfahrungen unterschiedliche Standpunkte erklären könnten. Der Gesprächskiller „Du denkst eben so und ich so", bringt das vorzeitige Aus.

- Der heimliche Wunsch nach einem intelligenten Monarchen.

In Fortbildungen wurde deutlich: Ein gerechter Herrscher wäre schon nicht schlecht! Einer (typischerweise war er männlich, auch wenn es ein Kind war), der es gut mit allen meint und dafür sorgt, dass alle zu ihrem Recht kommen. Gut zu wissen, wo man sich selbst ein Bein stellt! Denn bei einem demokratischen Stil geht es gerade um die vom Einzelnen zu verantwortende Freiheit und Fairness. Und das ist tatsächlich schwieriger als die Fantasie, jemand anderer möge das doch übernehmen.

Spielräume in der Kita nutzen

Trotz eigener erlebter Ohnmacht in gesellschaftlichen Zusammenhängen wertete keine Erzieherin die Handlungsmöglichkeiten in der Kita ab. Zynismus ist zwar eine Form, die viele wählen, um erlittene Ungerechtigkeit auszudrücken oder mit Existenzangst umzugehen. Aber in der

„Toleranz ...

Ein Fremdwort: ‚Duldsamkeit' sagt nur Passives, doch Toleranz heißt ja vor allem, durch tiefres und beßres Verstehen des Andern zum tieferen Verstehn seiner selbst zu kommen, auch zum Entdecken seines eigenen Schattens, und das ist ein Prozeß, der Tatkraft verlangt ...
Ich wage es, Toleranz zu sagen, nicht, um durch fruchtloses Selbstverleugnen Gegensätze wegzuhoffen, sondern gerade aus der Einsicht heraus, daß wir konfrontiert sind ..."

Franz Fühmann

TOLL WIE STEFFI SICH RAUSMACHT!

Die führende Rolle der Erzieherin gerät ins Wanken

Arbeit mit Kindern dominiert die Bereitschaft, sich auf neue Formen gemeinsamer Gestaltung des Lebens einzulassen. Die Chancen des Zusammenlebens in der Kita werden geschätzt und nicht als „Spielwiese Demokratie" gering geachtet. Die Haltung „trotz alledem" überwog; trotz manchmal in höchstem Maße widriger Umstände, die verbleibenden Spielräume zu nutzen und so weit wie möglich auszudehnen.

Es scheint, als käme die Motivation vor allem von den Kindern: „Das hätten wir ihnen nie zugetraut", kommentierten Erzieherinnen begeistert die Entwicklungsschritte in Richtung Selbstbewusstsein und Selbstständigkeit der Kinder.
Erzieherinnen sind zu bewundern.

Sie bringen diese Achtung Kindern gegenüber auf, können sich über die Wirkung ihrer pädagogischen Haltung freuen, gönnen den Kleinen ihr neu gewonnenes, oft zur Schau getragenes Selbstbewusstsein, obwohl sie sich selbst – gesellschaftlich gesehen – in keiner sehr wertgeschätzten Situation befinden. Diese Leistung ist hoch zu bewerten, und es darf nicht verwundern, wenn es nicht immer gelingt, sondern sich Neid in die Beziehung zu diesen „privilegierten" Geschöpfen einschleicht.
Nicht dieses Gefühl ist das Problem. Im Gegenteil, es wäre sehr verständlich, wenn es manchmal auftauchte. Von der möglichen Existenz eines solchen Gefühles nichts zu ahnen oder es zu verleugnen, könnte allerdings zum Problem werden.

Die Motivation, sich auf das Wagnis Demokratie in der Kita einzulassen, kommt von den Kindern

Nachdenken

Was Erzieherinnen brauchen, um einen demokratischen Stil zu pflegen

Einiges liegt in der Person der Erzieherin, für anderes müssen Träger und Gesetzgeber sorgen – gemeinsam kann es dann gelingen, Demokratie zu demokratisieren

- Zeit:
Bekommen Kinder die Zeit, die sie brauchen, um gemeinsame Ideen zu entwickeln, Absprachen zu treffen, Dinge umzuwerfen und neu zu planen? Gibt es genügend Zeit für Gespräche im Team? Ist Raum für Elternkontakte in der Arbeitszeit?

- Geduld:
Wie sorgt die einzelne Erzieherin oder das Team dafür, das nötige Quantum an Geduld – mit sich selbst, miteinander und mit Kindern und Eltern – zu sichern?

- Überschaubare Gruppen:
Welche Chance hat eine Erzieherin, sich einzelnen Kindern und der Gruppe widmen zu können? Wo ist anzusetzen, um etwas zu verbessern (Landesgesetze, Dienstplangestaltung, kommunale Regelungen)?

- Ein kollegiales Team:
Kommen die Stärken der Einzelnen zum Tragen? Lobt man sich gegenseitig oder hält man sich nur seine Schwächen vor? Wird sowohl gemeinsam geplant als auch arbeitsteilig vorgegangen? Hilft man sich und gibt es Auswertungen im Team? Kann man mit Unterschieden leben, und wird gestritten, wenn man den Eindruck hat, eine mogelt sich auf Kosten anderer durch? Wären ein paar Stunden Supervision gut, um eingefahrene Zuschreibungen zu lockern oder sich das sagen zu können, was stört?

- Selbstbewusste Leitung:
Trägt der Leitungsstil dazu bei, Selbstwertgefühl zu stärken und soziale Verantwortung zu belohnen? Oder ist die Leiterin selbst bedürftig bzw. wird sie vom Träger in ihren Kompetenzen geschwächt?

- Einen Träger, der trägt, nicht hängen lässt:
Wie ernst nimmt der Kita-Träger sein Personal? Wie viel Entscheidungs- und Handlungsspielraum liegt bei Leitung und Team? Gibt es regelmäßige Vereinbarungen über pädagogische Konzeption und Weiterentwicklung der Kita? Werden bürokratische Regelungen auf ein Mindestmaß reduziert? Welche Mitwirkungsrechte bestehen zum Beispiel bei der Auswahl neuer Kolleginnen? Welche Beteiligung von Eltern wird praktiziert?

- Politiker und Gesetze, die unterstützen:
Erlaubt die Erzieher-Kind-Relation ein wirkliches Eingehen auf Einzelne und Kleingruppen? Sieht die Personalfinanzierung genügend Vor- und Nachbereitungszeit vor, um die erforderliche Abstimmung nicht zur Freizeitangelegenheit werden zu lassen? Welche Mitwirkungsrechte von Eltern sind verankert?

Was Eltern brauchen, um mitmischen zu können

Erzieherinnen sind selten richtig zufrieden mit „ihren Eltern". Entweder, es interessieren sich zu wenige oder die wenigen wollen zu viel. Wenn sie sich darauf einlassen, Elternmeinungen ernst zu nehmen, kommen sie manchmal in Teufels Küche.
„Ich kann doch meine pädagogischen Ziele nicht von zufälligen Mehrheitsentscheidungen abhängig machen."
„Wenn ich allen Eltern gerecht werden will, dann kann ich mich gleich zerreißen." So oder ähnlich stöhnt manche Erzieherin. Trotzdem lassen sich viele auf intensive Auseinandersetzungen ein.

Rückblickend stellen die Fachfrauen fest, was *sie* beitragen können, damit Eltern sich wirklich beteiligen können:

• Sich weder über- noch unterlegen fühlen.
Eine Kollegin formuliert die Suche nach der Balance in der Beziehung zu den Eltern so: „Früher haben wir den Eltern gesagt, was zu tun ist, jetzt sagen sie uns, was wir tun sollen. Das kann's noch nicht sein."

• Ruhe bewahren, wenn 15 Mütter und Väter 15 unterschiedliche Meinungen vertreten.
„Allein die Debatte über gesunde Ernährung brachte völlig gegensätzliche Positionen zum Vorschein. Ich bin mal neugierig, wie lange der Kompromiss trägt."

Schon dieses kleine Beispiel zeigt, wo überall Gelassenheit angebracht ist.

• Eine eigene Meinung vertreten.
Eltern „nach dem Munde zu reden" ist kein Ausdruck, sie zu achten. Eher sich mit ihnen ernsthaft auseinander zu setzen, auch bei unterschiedlichen Auffassungen.

• *Mit* den Eltern, *nicht über sie* reden.
Es ist ein beliebtes Gesellschaftsspiel: Kaum kehrt jemand den Rücken, wird über ihn geredet. Anspruchsvoller ist es, das, was man denkt, der Mutter, dem Vater direkt zu sagen.

• Sich mit Eltern gemeinsam für Belange der Kinder einsetzen.
Gemeinsam sind auch Erwachsene stärker, wenn sie etwas zugunsten von Kindern verbessern wollen. Verbindende Interessen herausfinden, macht Kooperationen lohnender.

Die Einstellung der Pädagoginnen ist das eine. Träger, die Eltern als aktive Partner sehen, erleichtern Demokratie von unten enorm. Wenn ein solcher nicht in Sicht ist, muss dies kein Hindernis sein, dann hat man eben hier eine erste Aufgabe!

Eltern wollen ernst genommen werden als Partner, auch wenn sie eine andere Meinung vertreten

Nachdenken

Wie Kinder reagieren, wenn sie gefragt sind

Was verändert sich in der Beziehung zwischen Groß und Klein, wenn Kinder sich daran gewöhnen, ernst genommen zu werden und gefragt zu sein, wenn es um ihre Belange geht? Das interessierte Erzieherinnen wie Eltern im Projekt Kindersituationen. Hier einige Ergebnisse:

- Sie lassen sich nicht mehr alles bieten:

„Als Bestimmer würden sie mich nicht mehr akzeptieren. Ordne ich an, ohne mit ihnen zu sprechen, entsteht Unruhe. Also schlage ich vor und übe Geduld." (Horterzieherin)

- Sie wissen sich zu wehren:

„Schreib uns auf, dass wir das dürfen, damit die andere Erzieherin das auch weiß." (fünfjähriges Mädchen)

- Sie müssen weniger motiviert werden:

„Der Motor für ihr Interesse und ihre Ausdauer ist ihre eigene Neugier. Sie sind weniger gelangweilt und nerven weniger." (Erzieherin)

- Das Klima im Haus wird ruhiger und weniger handgreiflich:

„Besucher wundern sich, weil es bei uns so ruhig ist. Die Kinder verteilen sich im ganzen Haus, sind beschäftigt oder genießen das Nichtstun. Raufereien sind seltener geworden." (Leiterin)

- Sie werden selbstbewusster und anspruchsvoller, aber auch anstrengend:

„Zeige ich mich gesprächsbereit, kommen mir die Kinder geradezu herzlich und verständnisvoll entgegen, aber nachgiebig sind sie deshalb nicht. Ihren Eigensinn spüre ich deutlich." (Grundschullehrerin)

- Manchmal sind sie einsichtig:

„Na gut, wenn das Geld nicht für alles reicht, dann müssen wir uns wohl einigen." (siebenjähriger Junge)

- Sie nehmen Erzieherinnen die Arbeit ab:

„Bleib sitzen, das regle ich schon." (Eine Sechsjährige zur Erzieherin, als eine Vierjährige mit einer Beschwerde kommt.)

Selbstbewusst, weniger nervig, eigenwillig, anstrengend und für Überraschungen gut – so sind Kinder, wenn sie sich ihres Wertes bewusst sind

„Verantwortungsbewußtsein entwickeln nur diejenigen, denen Verantwortung auf eine ernstgemeinte Weise übertragen wurde; soziales Verstehen wächst nur, wenn es dem Kinde selbst in genügend Handlungssituationen wichtig ist, andere Menschen – ihre Standpunkte und Motive – zu verstehen; moralisches Urteilsvermögen entsteht in der Verarbeitung von Situationen, in denen die bisherige Urteilsfähigkeit an schmerzhafte Grenzen gestoßen ist. Das Entstehen von demokratischem Bewußtsein und Engagement setzt voraus, daß man rechtzeitig und oft genug die Chance hatte zu erleben, daß konsensuelle Planung und vernunftgeleiteter Interessensausgleich auch in einer Gemeinschaft, die größer und komplexer ist als Familie oder Freundeskreis, möglich und befriedigend sind."
Stark 1996, S. 216

Wie Kinder reagieren, wenn sie gefragt sind

- Sie sind für Überraschungen gut: „So viele Gelegenheiten kommen einem als Erzieherin gar nicht in den Sinn. Dabei liegt so viel auf der Hand, wo Kinder lernen können. Was würde Kindern entgehen, wenn sie nicht mitplanen dürften. Und für mich ist oft jeder Tag eine Überraschung." (Erzieherin)
- Sie werden gestrenge Richter: Die Erfahrung, dass Kinder recht rigide mit Regelverletzungen umgehen, deckt sich mit einer Untersuchung über das „Kameradschaftsgericht" bei Janusz Korczak und die Kinderversammlung in der antiautoritären Schule in Summerhill. Dabei wird betont, dass es den Kindern vor allem auf Folgendes ankommt: einen Vorfall sorgfältig zu besprechen, beide Seiten verständnisvoll anzuhören, zu entscheiden, wer im Recht ist, und dies öffentlich zu bestätigen bzw. den Leidtragenden zu bedauern (vgl. Schernikau 1996, S. 59). Dies deckt sich mit den Erfahrungen in den Modellkitas (siehe S. 63 f.). Interessant für Erzieherinnen dürfte sein, dass das Strafbedürfnis der Kinder offensichtlich von der Einstellung der Erwachsenen abhängig ist: „Um ihre Sache gut zu machen und die Achtung ihrer Erwachsenen zu gewinnen, werden Kinder – von sich aus – dann hart und schwer strafen, wenn ihre Erwachsenen Strafen für allgemein notwendig halten, und nur geringe Strafneigung zeigen, wenn auch ihre Erwachsenen Strafen als nutzlos, vergeblich oder gar schädlich ansehen." (Kamp 1995, S. 136)
- Sie wissen, was sie wollen:

„Wer das Kind auf den Arm nehmen ..., wer von seinem Brot essen oder sein Spielzeug hüten darf –, solche Willensäußerungen scheinen wie die Gnadenerweise eines Souveräns, jeder Rechtfertigung und Prüfung entzogen zu sein." Beutel/Fauser (1995, S. 64) beschreiben plastisch, was viele Erzieherinnen bestätigen können. Nicht immer ist es einfach mit solchen Kindern, aber „eine Zukunft hat nur, wer wollen kann" (Beutel/Fauser a.a.O. S. 67). Der Wille ist der „Möglichkeitssinn", der einer unbefriedigenden Realität eine gewünschte Alternative entgegenzusetzen vermag.

Das alles und noch viel mehr lernen Kinder in der Kita, wenn – ja wenn sie als ernst zu nehmende Personen geachtet werden. Wenn die Erzieherinnen alltägliche Gelegenheiten nutzen: Lernen in Realsituationen nennt sich das im Konzept des Situationsansatzes, und das ist durch kein Lernprogramm ersetzbar.

Kinder haben einen „Möglichkeitssinn"

Nachdenken

Demokratie von unten und nicht hinter verschlossenen Türen

Politisches Handeln von der Kita aus

Mit Gründlichkeit und Sorgfalt kümmern sich Erzieherinnen um das Binnenklima in der Kita. Selten sind sie zu sehen, wenn es darum geht, sich in der Öffentlichkeit um Belange von Kindern einzusetzen. Reicht die Energie nicht aus, sich außerhalb ähnlich zu engagieren wie innerhalb der vier Kita-Wände? Oder hat es etwas mit weiblichen Stärken, aber auch Schwächen zu tun: Drinnen waltet die eifrige Pädagogin ... und wem überlässt sie draußen das Feld?

Dabei haben wir es dringend nötig, die Lobby für Kinder zu verstärken. Selbst amtlich verlautbart wissen wir, dass Deutschland nicht zu den kinder- und familienfreundlichsten Ländern zählt (vgl. Familienreport 1994). Wenn Demokratie von unten darauf zielt, problematische und entwicklungshinderliche Lebensverhältnisse zu verbessern, dann gibt es also gerade zugunsten von Kindern und Familien viel zu tun. Eigentlich wäre die Kita ein idealer Ausgangsort für Ideen und Aktionen, um auf kritikwürdige Zustände aufmerksam zu machen. Wo hat man schon die Betroffenen in so großer Zahl und so kontinuierlich zusammen wie hier? Wer weiß schon genauer, was zum Beispiel ausländische Eltern und ihre Kinder belastet, was Eltern mit behinderten Kindern das Leben erschwert oder wie Armut sich auf einzelne Kinderleben auswirkt?

Erzieherinnen, die tagtäglich miterleben, was Familien bewegt, sind legitimiert und aufgefordert, das Bündnis für Kinder zu verstärken.
Eine Elterngruppe, die sich kennt, die sich gegenseitig unterstützen kann, hätte gute Chancen, ihren Interessen mit Nachdruck Gehör zu verschaffen. Während ein Teil der Erwachsenen die Bürgersprechstunde belagert oder demonstriert, könnte ein anderer Teil mit den Kindern einen schönen Tag gestalten. Und dies alles könnte im Elternrat organisiert werden.
Auch Kinder, die es gewohnt sind, sich in der Kita zu beteiligen, haben alle Voraussetzungen, sich in Angelegenheiten einzubringen, die sich *vor* ihrer Haustür abspielen.

Und trotzdem werden diese günstigen Bedingungen nur wenig genutzt. Woran liegt das? Die Kolleginnen in den neuen Bundesländern sagen: „Wir sind es nicht gewohnt, unsere Interessen einzufordern." Aber auch in den alten ist es nicht üblich, kinder- und familienpolitische Aktionen von der Kita aus zu organisieren. Und dies, obwohl das Kinder- und Jugendhilfegesetz eine Beteiligung von Kindern in kommunalen Fragen und eine Berücksichtigung ihrer Interessen bei regionaler Planung ausdrücklich vorsieht (§ 8 und § 80, siehe dazu auch S. 22 in diesem Buch). Wagen Sie die Öffnung auch hierfür.

Was Eigen- und GemeinSinn verbindet

„Die Demokratie braucht Querköpfe" überschreibt Die Zeit einen Artikel (Beck 1996, S. 10). Darin wird ein „politischer Traum vom solidarischen Individualismus" entworfen. Und weil es in diesem Demokratiebuch für die Kita ständig um die Spannung zwischen dem Einzelnen und der Gemeinschaft geht, soll diese Utopie die Gedanken zum Schluss anregen: Dem Traum liegt ein Verständnis vom „eigenen Leben" (U. Beck) zugrunde, in dem viele ein Anspruchsdenken und Ellenbogenmentalität wittern. „Wer so klagt, verkennt, daß die Philosophie des eigenen Lebens, die im Alltag Wurzeln schlägt, gerade die Geburtsstätte einer Querköpfigkeit ist, welche die geschenkte Demokratie in Deutschland noch bitter nötig haben kann. Die Moral des eigenen Lebens bejaht, was öffentlich beklagt wird: Ohne Ich kein Wir. Wir nur als selbstbestimmtes Wir, nicht als Vorgabe, nicht als Summe, nur als Zustimmung der Individuen." (Beck, a.a.O., S. 10)

Im Projekt Kindersituationen hieß die eigene Zeitung absichtsvoll „EigenSinn" und provozierte damit erwartungsgemäß die Debatte um Eigennutz gegen Gemeinnutz, die Kontroverse zwischen dem „kalten egoistischen Westen" und dem „warmen gemeinschaftsfähigen Osten", die Beschäftigung mit dem Bild des rücksichtslosen Individualisten, der schon als Kind dazu erzogen wird.

Damit sind wir mitten in der Auseinandersetzung, die heutzutage angesagt ist. Solidarität versteht sich nicht von alleine und eine Gemeinschaft steht nicht automatisch für humane Werte. Man kann eine Elterninitiative gründen, um für bezahlbare Kita-Plätze einzutreten oder um Kinder von Asylbewerbern fern zu halten. „Alle Gemeinschaften beruhen auf Wertentscheidungen von Individuen und nicht auf einem naturwüchsigen im Menschen angelegten, per se wertvollen ‚Gemeinsinn' ... Der larmoyante Ruf nach der ‚Gemeinschaft' ist darauf angelegt, den einzelnen Angst vor der Freiheit einzujagen. Damit erreicht er das Gegenteil von dem, was er vorgibt: Er fördert Passivität, Misstrauen, Absonderung und die Tendenz, die Verantwortung für das eigene Handeln auf vermeintlich schützende Kollektive zu übertragen." (Herzinger 1997, S. 45 f.)

Nachdenken

Gegen Untertanengeist und zerstörerischen Egoismus

Eine Gesellschaft kann sich nur dann für demokratische Werte einsetzen, wenn die Einzelnen sie vertreten. Diese Erkenntnis rückt für die Pädagogik die Bedeutung des Indivi-

> „Ich werde am Du.
> Ich werdend spreche ich Du.
> Alles wirkliche Leben ist Begegnung."
> Martin Buber

duums und seiner Verantwortung in den Mittelpunkt. Erwachsene wären deshalb gut beraten, die Förderung des Eigensinns als erstrebenswert zu betrachten und nicht abzuqualifizieren, wie es vor allem in autoritären Systemen der Fall ist, begründet der Psychoanalytiker Hans-Joachim Maaz aus Halle. Für die Eltern- und Erzieherinnenzeitschrift „EigenSinn" des Projektes Kindersituationen beschreibt er, wie die kreativen Potenzen Eigenständigkeit und Unabhängigkeit durch Erziehung gestützt werden können. Mit deutlichen Worten lotet er die soziale Tragweite solcher pädagogischen Bemühungen aus: „Die ehrliche Auseinandersetzung zwischen Erwachsenen und Kindern, die Offenheit und Wahrhaftigkeit und die Gefühlserlaubnis schaffen insgesamt ein Klima, in dem sich individuelle Möglichkeiten und kreative Lösungen für unvermeidbare Konflikte und Lebensschwierigkeiten entfalten können, die dem Leben einen unverwechselbaren ‚eigenen Sinn' verleihen ... So steht der erfahrene Eigensinn als Selbstwert gegen den von politischen und religiösen (Ver-)Führern verheißenen Lebenssinn. Wenn Menschen propagierten äußeren Normen nachstreben müssen, werden sie sich stets als minderwertig und schuldig erfahren, weil sie hinter den gesetzten Werten mehr oder weniger zurückbleiben müssen. So sind auch die in unserer Gesellschaft gültigen Normen von Disziplin und Ordnung, Gehorsam und Anpassung, Tüchtigkeit und Leistungsstärke entscheidende Gründe für massenhaften Untertanengeist mit Neigung zu totalitären Strukturen oder für ein Wachstumsdenken mit zerstörerischen Wirkungen für die eigene Gesundheit, die natürliche Umwelt und die soziale Gerechtigkeit. Ein wirksames Mittel gegen diese gefährlichen Trends in unserer Gesellschaft wäre die Förderung des Eigensinns. Wenn Menschen nicht mehr genormt und genötigt werden, sondern sich an eigenen Bedürfnissen und Gefühlen orientieren können, wird eigener Sinn erfahrbar und damit eine wichtige Grundlage für Verantwortlichkeit und Gemeinsinn geschaffen." (Maaz 1994, S. 12 f.)

In diesem Sinne versteht sich dieses Praxisbuch für Erzieherinnen als Ermunterung, die eigene Person zu achten, andere zu schätzen, seine pädagogische Tätigkeit nicht über-, aber auch nicht unterzubewerten und den Tücken eines demokratiefreundlichen Kita-Alltags gelassen zu begegnen.

Zum Schluss: „Käse probieren"

Käse probieren

Koste doch von dem Käse
Ich würde es gut finden, wenn du den Käse einmal kosten würdest
Du bist verwöhnt und mäklig, wenn du jetzt nicht von dem Käse kostest
Also kostest du nun oder nicht!
Ich habe gesagt, du sollst das probieren!

Du kannst doch nicht immer deinen Kopf durchsetzen
Wenn du in die Schule kommst, kannst du auch nicht deinen Kopf durchsetzen
Du kannst überhaupt nicht deinen Kopf durchsetzen
Wenn alle Menschen ihren Kopf durchsetzen wollten!
Du mußt endlich lernen, daß man überhaupt nicht seinen Kopf durchsetzen kann!

In deinem Alter mußte ich essen, was auf den Tisch kam
In deinem Alter hab ich mich gefreut auf solchen Käse
In deinem Alter konnte ich auch nicht meinen Kopf durchsetzen
In deinem Alter hat mein Vater zu mir gesagt: Ißt du nun den Käse oder was!
In deinem Alter hat er zu mir gesagt: Sonst kriegst du Strafe!

Wenn du nicht von dem Käse kostest, bleibst du morgen oben
Kinder, die keinen Käse essen, werden dumm
Da kannst du auch nicht zu Oma fahren
Ißt du nun den Käse oder was!
Oder willst du deinen Kopf durchsetzen!

Kurt Drawert

Verwendete Literatur

Arbeitsgemeinschaft Jugend und Bildung e.V., Wiesbaden, in Zusammenarbeit mit dem Hessischen Kultusministerium und dem Hessischen Landtag: Kinder mischen mit! Demokratisch handeln, Wiesbaden o. J.

Beck U.: Ohne Ich kein Wir. Die Demokratie braucht Querköpfe. Plädoyer für eine Sozialmoral des eigenen Lebens. In: Die Zeit, 23.8.1996, S. 10

Beutel, W./Fauser, P.(Hrsg.): Demokratisch handeln, Tübingen und Hamburg 1995, 2. Auflage

Braun, R.: Mit Kindern leben. Altersgemäße Beteiligung an Gemeinschaftsprozessen im Kindergarten. Lesebuch '94, Hrsg.: Kirchenamt der EKD, Hannover 1994

Brumlik, M./Brunkhorst, H. (Hrsg.): Gemeinschaft und Gerechtigkeit, Frankfurt a. M. 1993

Doyé, G.: Öffentliche Diskurse im Projekt „Kindersituationen" – von der Notwendigkeit, sich zu verständigen. In: Neue Sammlung, Heft 4/1995, S. 141–150

Drawert, K.: Käse probieren. In: Neue Deutsche Literatur. Monatszeitschrift für Literatur und Kritik. Hrsg.: Schriftstellerverband der DDR, Heft 10/1982

Familienreport. Bericht der Deutschen Nationalkommission für das Internationale Jahr der Familie, Bonn 1994

Flitner, A.: Nicht für die Schule lernen, sondern für die Demokratie. In: Die Zeit, 9.6.1995

Freire, P.: Pädagogik der Unterdrückten. Bildung als Praxis der Freiheit, Reinbek bei Hamburg 1973

Hentig, H. von: Die Schule neu denken, München 1993

Herzinger, R.: Individualismus keine Verantwortung – wider die konservative Klage vom Untergang der Werte. In: Die Zeit, 4.4.1997, S. 45 f.

Honecker, M.: Das Recht des Menschen, Gütersloh 1978

Kamp, M.: Kinderrepubliken. Geschichte, Praxis und Theorie radikaler Selbstregierung in Kinder- und Jugendheimen, Opladen 1995

KJHG (Kinder und Jugendhilfegesetz), Eigenverlag des Dt. Vereins für öffentliche und private Fürsorge, Frankfurt a. M. 1993

Korczak, J.: Die Liebe zum Kind, Berlin 1980

Kohlberg, L.: Die Psychologie der Moralentwicklung (Hrsg. W. Althof), Frankfurt a. M. 1995

Lipp-Peetz, C.: Umsetzung der Ergebnisse der Modellversuche im Elementarbereich, unveröffentl. Abschlussbericht, Darmstadt 1987

Verwendete Literatur

Maaz, H.-J.: „Sei nicht so eigensinnig!" Kommentar zu einer autoritären Erziehungsnorm. In: EigenSinn, Zeitung für Eltern und Erzieherinnen im Projekt Kindersituationen, Heft 1/1994, S. 12 f.

Ministerium für Bildung, Jugend und Sport in Brandenburg: Grundsätze der pädagogischen Arbeit in Kindertagesstätten. In: Kita-Debatte 2/1994

Rauschenberger, H.: Kinderfragen – Entwicklung, Bedeutung und pädagogische Hermeneutik. In: Zeitschrift für Pädagogik, Heft 6/1985, S. 759–771

Scharf, U.: Die Bedeutung moralischer Beziehungen für die Persönlichkeitsentwicklung älterer Vorschulkinder, Berlin 1984

Schernikau, H.: „Selbstregierung" von Kindern und Jugendlichen in „Kinderrepubliken". In: Die Grundschulzeitschrift Heft 100/96, Grundschule als Schule der Demokratie, S. 54–59

Schweitzer, F.: Das Kind vor dem Geheimnis der Welt. In: Theorie und Praxis der Sozialpädagogik (TPS), Heft 2/1997, S. 112–115

12. Shell Studie: Jugend im Prozeß gesellschaftlicher Modernisierung, Freie Universität Berlin, Fischer, A. / Münchmeier, R., Opladen 1997

Stark, W. u.a. (Hrsg.): Moralisches Lernen in Schule, Betrieb und Gesellschaft. Internationaler Kongreß, Ev. Akademie Bad Boll 1996

Stark, W. (Hrsg.): Lebensweltbezogene Prävention und Gesundheitsförderung, Freiburg 1989

Toblacher Gespräche 1995: Heimat. Ökologischer Wohlstand in der Region, Toblach 1995

TPS, Heft 5/1989: Kinder und Geschichte/ Erzieherinnen und Geschichte

Literatur zum Weiterlesen

Hintergrund:

Beck, U.: Eigenes Leben. Ausflüge in die unbekannte Gesellschaft, in der wir leben, München 1995

Bedürftig, F./Winkler, D., Rieger, B.: Das Politikbuch, Ravensburg 1996, 3. Aufl.

Haug-Zapp, E.: Politik im Kindergarten – Warum? Wie? Wie nicht? In: TPS, Heft 2/1988, S. 72–76

Haug-Zapp, E.: Grenzen der Toleranz gegenüber Intoleranz. In: TPS, Heft 6/1993, S. 346–349

Hengsbach, F./Möhring-Hesse, M. (Hrsg.): Solidarität in der Krise. Frankfurt a. M. 1992

Kommunale Kinderpolitik, TPS, Heft 4/1993

Kinderrechte:

Die Rechte des Kindes. Das Übereinkommen über die Rechte des Kindes, verabschiedet von der Generalversammlung der Vereinten Nationen in New York 1989. Mit Radierungen von Christoph Meckel, Ravensburg 1994

Die Rechte des Kindes. Sonderdruck des Bundesministeriums für Frauen und Jugend zur Bekanntmachung des Übereinkommens über die Rechte des Kindes (UN-Kinderkonvention) für Kinder. Mit Texten von Christa Baisch und Illustrationen von Frantz Wittkamp, Recklinghausen 1993

Pfiffiges für Kinder. Ministerium für Arbeit, Gesundheit und Soziales des Landes Nordrhein-Westfalen, o. J.

Kinder- und Jugendhilfegesetz. Sozialgesetzbuch – Achtes Buch. Textausgabe. Stand 1993. Eigenverlag des Dt. Vereins für öffentliche und private Fürsorge

Kinderfragen:

Freese, H.-L.: Kinder sind Philosophen, Weinheim, Berlin 1990

Zoller, E.: Die kleinen Philosophen. Vom Umgang mit „schwierigen" Kinderfragen, Zürich und Wiesbaden 1991

Langen, A./Droop, C.: Briefe von Felix. Ein kleiner Hase auf Weltreise, Münster 1994

Soziales Lernen:

Colberg-Schrader, H./Krug, M./Pelzer, S.: Soziales Lernen im Kindergarten, München 1991

Verlinden, M./Haucke, K.: Einander annehmen. Soziale Beziehungen im Kindergarten, Stuttgart 1995

Vopel, K.: Kinder können kooperieren. Interaktionsspiele für die Grundschule, Salzhausen 1996

Bilderbücher:

Ich will die! Eine Geschichte von Imme Dros. Mit Bildern von Harne Geelen, München 1992

Krach mit Britta. Eine Geschichte zum Streiten und Versöhnen von Ursula Kirchberg, München 1996

Wer an dem Buch beteiligt war

Antje Hildebrandt, Kita „Uns Windroos" in Bad Doberan

Petra Baier, Karin Zschach, Kita „Sonnenschein" in Bad Wilsnack

Gisela Hohlfeld, Cornelia König, Kita Wieckerstraße in Berlin

Angela Conrad, Heike Hübner, Andrea Sievers, Doreen Tschoeppe, Kita Eschengraben in Berlin

Doreen Hönel, Kita Pestalozzistraße in Berlin

Dr. Dorle Gelbhaar, Paritätische Akademie in Berlin

Ute Hoffmann, Kita „EigenSinn" in Halle

Uta Günther, Heinke Höppner, Kristina Röttger, Hannelore Thielck, AWO-Kita „Bummi" in Kühlungsborn

Viola Uhlig, Kita Schönauer Ring in Leipzig

Sabine Carl, Angela Fritz, Ev. Kita in Lindenberg

Gudrun Bast, Ev. Kita St. Marien in Loitz

Christiane Knobbe, Kita „Die Wurzel" in Magdeburg

Birgit Kellner, Kita „Hainholzmühle" in Pritzwalk

Elke Pranskat, Kita „Butzemannshaus" des DRK in Rostock

Doris Schmidt, Jutta Sodan, Ute Steinmüller, Katrin Voß, Kinderladen „Krötenwiese" in Rostock

Petra Quast, Ursula Rosenhan, Roswitha Rausch, Kita „Kinderland" in Weimar

Irmtraut Mewes, Kita „Jumbo" in Wootz

Moderatorinnen des Projektes Kindersituationen: Marlene Echtermeyer, Berlin, und Erika Weber, Mecklenburg-Vorpommern

Die Praxisreihe zum Situationsansatz

Situationen von Kindern erkunden, pädagogische Ziele setzen und den Alltag mit Kindern gestalten: Wie das geht und wie Kinder dabei fit fürs Leben werden, zeigen diese Praxisbücher mit vielen guten Ideen und praktisch Erprobtem aus über 100 Kindertagesstätten.

Herausgegeben von Jürgen Zimmer.

Sabine Naumann
Was heißt hier schulfähig?
Übergang in Schule und Hort
ISBN 3-473-98901-0

Christine Lipp-Peetz
Wie sieht's denn hier aus?
Ein Konzept verändert Räume
ISBN 3-473-98902-9

Elke Heller
Gut, dass wir so verschieden sind
Zusammenleben in altersgemischten Gruppen
ISBN 3-473-98903-7

Sabine Naumann
Hier spielt sich das Leben ab
Wie Kinder im Spiel die Welt begreifen
ISBN 3-473-98904-5

Christa Preissing
Wenn die Schule aus ist
Der Hort zwischen Familie und Schule
ISBN 3-473-98905-3

Sabine Naumann
Natürlich von klein auf!
Ökologische Lebensgestaltung in der Kita
ISBN 3-473-98906-1

Götz Doyé, Christine Lipp-Peetz
Wer ist denn hier der Bestimmer?
Das Demokratiebuch für die Kita · ISBN 3-473-98907-X

Elke Heller, Sabine Naumann
Was zählt?
Vom Umgang mit Geld und anderen Werten
ISBN 3-473-98908-8

Christa Preissing
Und wer bist du?
Interkulturelles Leben in der Kita
ISBN 3-473-98909-6

Elke Heller
Etwas unternehmen
Kinder und Erzieherinnen entwickeln Eigeninitiative
ISBN 3-473-98910-X

Götz Doyé, Christine Lipp-Peetz
Das soll einer verstehen!
Wie Erwachsene und Kinder mit Veränderungen leben
ISBN 3-473-98911-8

Jürgen Zimmer
Das kleine Handbuch zum Situationsansatz
ISBN 3-473-98912-6

Zwölf Praxisbände, „Die Materialbox" und „Das Diskussionsspiel" in einem Gesamtpaket (ISBN 3-473-98915-0).

Vertrieb durch Pädagogische Arbeitsstelle
Postfach 18 60 · D-88188 Ravensburg · Telefon (07 51) 86 16 48
Erhältlich im Buchhandel, Praxisbände auch einzeln.